JN128153

京都怪談巡礼

堤邦彦

淡交社

京都怪談巡礼

堤邦彦

淡交社

はじめに

京都の怪談と聞いてすぐに思い浮かぶのは、都大路の闇を練り歩く百鬼夜行であったり、平安京の歴史に足跡を残す陰陽師の妖怪退治であったりと、古都の名にふさわしい魔界の物語かもしれません。

一方、洛中洛外の町角を歩き回っていると、意外な「怪談名所」に出くわすことがあります。

たとえば、東山区の六道の辻にほど近い六道珍皇寺の境内には、「お岩大明神」が祀られています。口伝によれば、数十年前、さる資産家が清水焼の陶工に頼んで等身大のお岩様の像をつくってもらったところ、さまざまな災いが起きて家運が傾いたため、恐れをなして寺に納めたといいます。

「お岩」とは、もちろん江戸時代の名作歌舞伎『東海道四谷怪談』に登場する女性幽霊にほかなりません。いわば江戸怪談の申し子ともいえるお岩が、なぜ京都の六道珍皇寺とからめて語られたのでしょうか。詳しくは192頁をご覧いただくとして、その背景に六道珍皇寺を「あの世の入り口」と考える京都の人々の習俗的な感性が深く関わっていたことは間違いありません。

別の見方をするなら、江戸怪談の最高峰に位置する『四谷怪談』が、京都の庶民信仰の中で化学変化を起こし、都《みやこ》風の怪談にアレンジされて六道珍皇寺の口伝に組み込まれているのです。お岩の祟りを鎮めるために最適な場所が選ばれた経緯は、京都の風土感覚と怪談話の切っても切れない関係をものがたっています。

もっとも京都と江戸怪談の交点は、さらに昔から存在していました。十七世紀のはじめに時計の針を戻すと、京都は怪談文芸の発信地でした。この頃、折からの出版ブームを背景に、大衆的な絵入りの怪異小説が老舗の版元から次々に刊行されていました。書名に『百物語』・『伽婢子《おとぎぼうこ》』などを冠するこれらの読み物は、洛中洛外に起こった不思議な出来事・妖魔の出没・男女の愛憎をめぐる幽霊話などのテーマを、やさしい文章と視覚に訴える挿絵によって描き出し、多くの読者に支持されていました。まさに「怪談エンターテイメント」ともいえる文芸ジャンルの流行が江戸時代の京都にくりひろげられていたのです。

本書に取り上げる真宗僧・浅井了意《あさいりょうい》や版元の西村市郎右衛門《にしむらいちろうえもん》は、京都を代表する近世怪異小説の書き手たちでした。十七〜八世紀の京都は、創作怪談の時代でもあったわけです。

さらに浄瑠璃・歌舞伎の舞台では、人気役者の演じる女幽霊や鬼女・蛇体の娘の美しくも妖しい姿が観客の心をとらえ、怪談劇の流行に拍車をかけました。

一方、洛中洛外の寺社・旧跡を紹介した江戸時代の名所記もまた、怪談の宝庫でした。そこには小野小町や宇治の橋姫などの古跡にまつわる当時の不気味な民間伝承がつぶさに記録されています。名所記をたよりに、三百年ほど昔の京都怪談を歩いてみるのも一興ではないでしょうか。今は失われた怖い京都の記憶と雰囲気を味わうことができるのですから。

本書のめざすところは、有名な中世以前の話にとどまらず、従来あまり注目されてこなかった近世版の「京都の怖い話」をも取り上げ、怪異小説や名所記の記述を手がかりに話の現場を訪ねることにあります。そこは峠の坂道であったり、鴨川の岸辺であったり、あるいはビル街の路地裏であったりと、広く都の東西南北に点在する異界の入り口といってよいでしょう。

江戸怪談に立ちあらわれる怪談名所を求めて、みえない世界のフィールドワークに、いざ！

平成三十一年四月　堤　邦彦

目次

第3章
死にきれない強い執着

第4章
人ならざるもの

第5章
怪談の集まるところ

本書のナビゲーター

堤先生

本書の著者。京都の大学で教鞭をとる。「怪談は人間の想像力の究極」とし、主に近世文学に登場する怪談（怪談文芸）を研究。文献研究のみに留まらず、フィールドワーク・怪談朗読公演などさまざまな視点から怪談文芸の実態に迫っている。

れい子

堤先生のゼミに所属したばかりの大学生。怪談はもちろん、怪談を通して明らかになる時代の変遷や人々の考え方に関心がある。「ありきたりな京都の魔界の話ではなく、もっとディープな話が知りたい！」とフィールドワークに興味津々。

第1章

女と怪談

怪談フィールドワーク①

境界の怪談ツアー

妙満寺
―嫉妬の炎で焼き殺された僧―

蛇になった女

妙満寺にやって来ました。妙満寺は、「安珍・清姫伝説」で大変有名です。

どんなお話ですか。

中世の『道成寺縁起』には、このようなことが書いてあります。延長六年（928）の夏、奥州から紀伊国（現和歌山県・三重県南部）の熊野本宮を目指す一人の若い僧がいました。彼は旅の途中で真砂《まなご》（現和歌山県田辺市中辺路町）のある名主の館に宿を求めます。すると名主の女房がこの若い僧に一目惚れをしてしまいます。この女房はなかなか積極的で、僧の眠る床に忍び込んで迫ります。

お坊さんの床に忍び込むって、かなり勇気がありますね。

僧は驚きますが「今は参詣途中なので、参詣を済ませて帰る際に、きっともう一度こちらに立ち寄ります」と伝え、宿を出ます。ところが、僧は約束を破って別の道から帰ろうとしました。それを知った女房は激怒します。

嫌なら最初に断っておけば良かったのに。

僧を追いかけるうちに、いつしか蛇に変化した女房。道成寺（和歌山県）の鐘の中に隠れた僧をみつけ、鐘に巻きつき、嫉妬の炎で鐘ごと焼き殺してしまいます。

鐘ごと！　すさまじい嫉妬心ですね。

この話は記録された時代によっていろいろなパターンがあります。「安珍・清姫」という名前自体がはじめて登場するのは、江戸時代の芝居や物語ですが、そこではうら若い少女・清姫の蛇体変身が描かれています。一方、平安時代後期の『今昔物語集』（十二世紀初成立）などにみえる古い説話では、夫を亡くした女房が若い僧を追いかける内容です。なお「安珍」の名がはじめて記録されたのは鎌倉時代の歴史書『元亨釈書《げんこうしゃくしょ》』（1322成立）で、こちらは京都鞍馬寺の若い僧という設定になっています。最初に宿で出会った時点で、二人は両思いだったというパターンもあります。

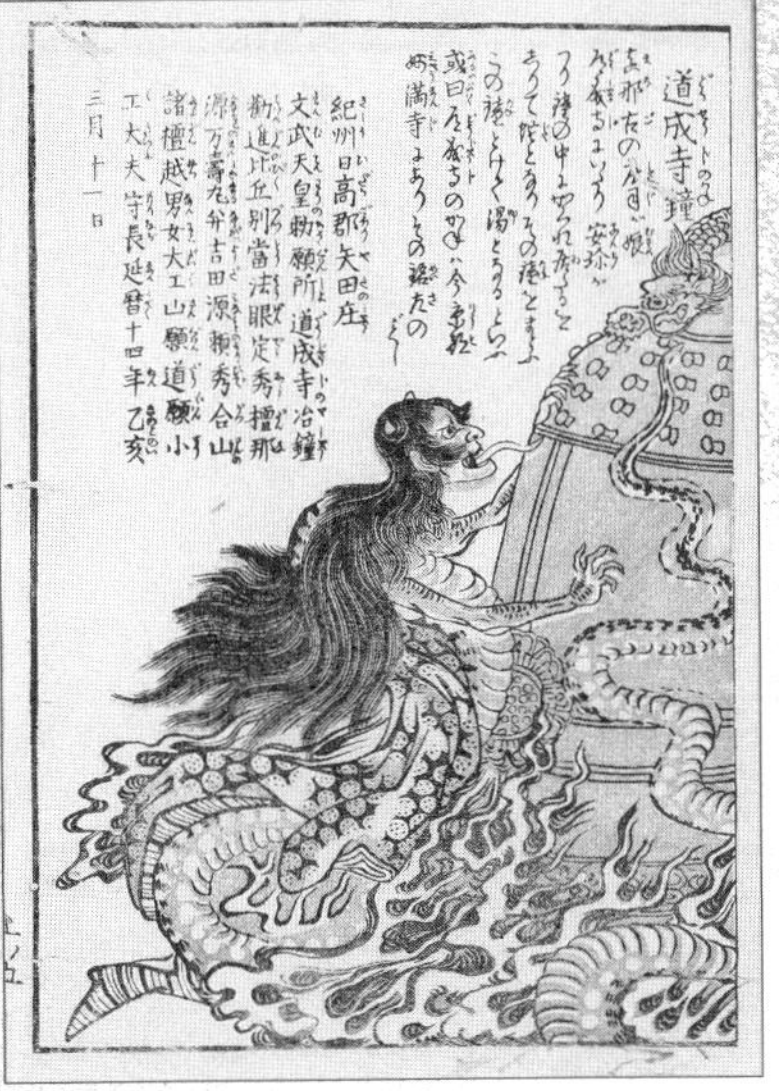

鳥山石燕『今昔百鬼拾遺』
（国立国会図書館蔵、1805刊）「道成寺の鐘」挿絵
安珍の隠れた鐘に取り付く蛇と化した清姫

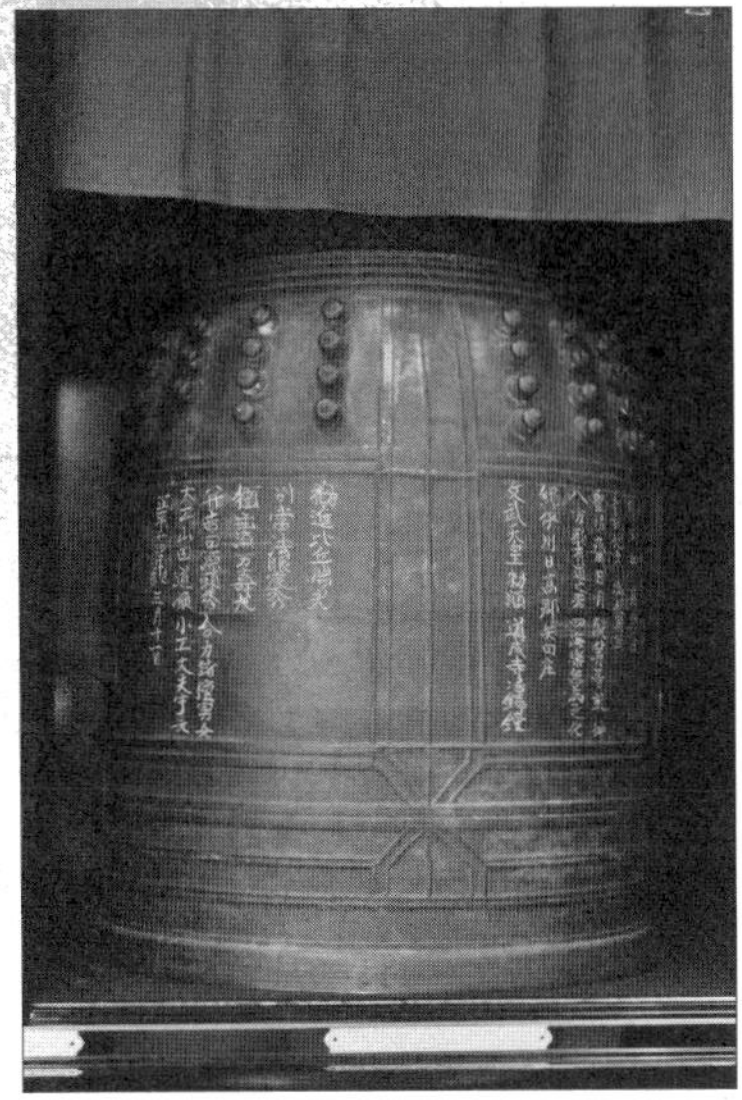

現在、妙満寺宝物館に安置されている鐘

鐘はなぜ京都にやってきたのか

伝説の中で焼かれたのは、和歌山県の道成寺の鐘ですよね。この伝説と京都の妙満寺にどんな関係があるのでしょうか。

実はその伝説の鐘が、現在ここ妙満寺に保管されているのです。正平十四年（1359）、道成寺は「安珍・清姫伝説」以来長く失われていた鐘を再鋳し、鐘供養を盛大に営みました。すると、その席に一人の白拍子《しらびょうし》（歌舞を演じる遊女）があらわれます。白拍子が舞い終わると鐘は落下し、さらに白拍子は蛇に変身して姿を消します。その後、近隣に災厄

妙満寺執事の土持悠孝さん（左）と著者

が続いたため、「清姫の祟り」と恐れられた鐘は山林に捨て去られました。それからまた二百年あまり経った頃、紀州征伐の際にこの話を聞いた豊臣秀吉の家臣が鐘を掘り起こし、戦利品としてそのまま京都に持ち帰りました。そして安珍・清姫の怨念を払うために、妙満寺に奉納されたというわけです。

伝説の鐘は、巡り巡って妙満寺に来たのですね。

今日は、妙満寺執事の土持悠孝さんにこの伝説についてお伺いしたいと思います。

異なる二つのラストシーン

土持さん、どうぞよろしくお願いします。さっそくですが、ここ妙満寺は「安珍・清姫伝説」の鐘を寺宝として受け継いでいらっしゃいますね。この鐘について、拝観に来た方にはどんなお話をされますか。

はい。この鐘は数奇な運命を辿ってこの妙満寺に納められましたが、最終的には当時の妙満寺貫首《かんじゅ》・日殷《にちいん》大僧正の法華経による供養で

怨念を解かれたと伝えられています。ですから、このお寺を訪れてくださる方には、「この鐘のように、誰しも再生のチャンスがある」ということをお伝えしています。

「安珍・清姫伝説」の結末は、安珍が焼き殺されて終わるものが多いですが、焼き殺された安珍と蛇になった清姫が僧侶の枕元に立ち、法華経で供養されるという結末もありますよね。私たちが妙満寺で「百物語の館」の怪談▼注は22頁朗読イベントをさせていただく際は供養の場面も含めてお話しています。

先生方が朗読に法華経による供養の場面まで入れてくださることは、私たちとしてもとても有り難く思います。その部分を入れることで、法華経の功徳の大切さを伝えることに繋がりますから。

怪談朗読を聞いたお客様からも、「怖い話だったけど、良い終わり方で安心した」という感想をいただきます。ここに現在の道成寺門前のお土産屋さんで売られているお菓子の包装紙を持ってきました。それぞれの場面に一から順番に番号を振って、「安珍・清姫伝説」が描かれています。こちらもラストの「十八」は「清姫の化身蛇となりてつりがねを巻く」で終わっています。

「安珍・清姫伝説」が謡曲や歌舞伎に落とし込まれたり、怪談として普及したりすると、法華経で供養するというシーンがなくなるのですね。

「道成寺銘菓 あんちんのつりがね饅頭」の包装紙
（部分。作画 京都伝統工芸士 空女）

現在の供養のかたち

現在、妙満寺ではどのように鐘を供養されているのでしょうか。

毎年五月に鐘供養の法要を行っています。道成寺の院主様にもお越しいただき、法華経を読誦し、供養しています。鐘はおよそ２５０kgあるのですが、太い木の棒にロープで縛り付け、人力で六人がかりくらいで宝物館から運び出すんですよ。

それは大変ですね。法要には、芸能関係の方もいらっしゃるのですか。

そうですね、毎年お能、歌舞伎や日本舞踊をはじめ幅広い分野からゲストを招き、記念公演として奉納しています。これまでに、歌舞伎の中村芝翫さんや雅楽師の東儀秀樹さん、能の金剛流宗家・金剛永謹さんなど、多くの方に公演をしていただきました。また、俳優の大村崑さんに講演していただいたこともあります。およそ四～五百名が法要に参加するので、一年に一番多くの方がお越しになります。今後はさらにいろいろな分野の方をお招きしたいと思っています。

江戸時代の人は鐘の何を怖がっていたか

江戸時代には、道成寺も妙満寺も、和歌山と京都からそれぞれ江戸へ宝物を持って行き、出開帳をしていたことが分かっています。妙満寺はもちろん「安珍・清姫伝説」の鐘を持って行っているのですが、寛政四年（１７９２）の略縁起（国立国会図書館蔵『道成寺鐘今在妙満寺和解略縁起』）をみてみますと、安珍清姫の伝説とあわせて、面白い記述がありました。

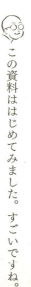

この資料ははじめてみました。すごいですね。

珍しい資料です。これに鐘の由来がずっと書かれています。秀吉の紀州征伐の際、鐘は陣中で使用された後、京都に持ち帰られた。天正年中（１５７３～９２）にはある人家のうしろの竹林に埋められていたが、やがて鳴動し

今回、特別にみせていただいた鐘上部のひび割れ

て近隣の者に病などの災いが起こったため、掘り出して妙満寺に納めたという話があります。そしてこの後、慶安年中（1648〜52）に誤って落として割れてしまい、ひび割れが一尺（約30㎝）ほど入ってしまったと。

確かに、現在の鐘にもひび割れがありますね。鐘のてっぺんの部分にひび割れがあるので、普段あまりみていただく機会はないのですが、鐘供養の際は、安置されている厨子から鐘を降ろしてくるのでよくみえるんです。

ありますか。直接確認していなかったので、文献上の話だと思っていましたが、本当にあったとは驚きです。

略縁起の続きには、「ひびが入ってしまったので再鋳しようとすると、天変地異が起こってしまったので、再鋳するのをやめた」という話があります。「此時《このとき》益《ますます》奇異の古鐘なることをしれり」とも書かれています。江戸時代、妙満寺はこの略縁起を出開帳の際に配ってこの鐘のパワーを説明していたんですね。出開帳は今でいえば博物館で寺宝を眺めるようなもので、江戸の人たちは鐘に関するいわれを珍しがっていたんだろうと思います。

平安時代から伝わる伝説の中だけではなく、江戸時代当時にも不可思議な現象が起こった宝物だといわれていたんですね。

そうです。さらに面白いのは、この後、鐘を

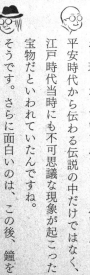

割れたまま宝蔵に納めていたところ、自然にひびが直ったというのです。「以前は紙を差し込むと、貫通するくらい穴が開いていた。（出開帳を行っている先の江戸の人は知らないかもしれないが、妙満寺のある）京都の老人はよく知っていることだ」と続いています。

すごくリアルですね。

その後、文政年間（1818〜30）に行われたご開帳では、妙満寺が鐘を出す一方で、道成寺は「清姫が蛇になったときの角《つの》」を出しました。これが大人気になって、多くの人がおしかけたそうです。ただ、運悪く将軍家の娘にたまたま「きよひめ」という名前がつけられたため、縁起が悪いということでこの開帳が禁止されてしまったそうですが……。さらに別の資料（早稲田大学曲亭文庫蔵『道成寺鐘略縁起』）をみると、題名のところに「瀧澤」という判子が押してあります。これは江戸後期の読本・合巻作者である滝沢馬琴《たきざわばきん》のことで、彼の作品の中にも「安珍・清姫伝説」を匂わせる表現があることから、滝沢馬琴も江戸で妙満寺の出開帳をみた可能性が考えられるんですね。

「安珍・清姫伝説」自体も面白いのですが、江戸出開帳の際に配られた略縁起をみると、江戸時代に共有されていた「鐘のいわれ」がみえてきます。出開帳の興行主が勝手につくった話ではないかという考え方もあるかもしれませんが、妙満寺の名前で出していた略縁起に何度もこういった話が出てくるということからも、ある程度公式な見解として共有されていたのではないかと考えられます。

怪談研究とこれから

さきほど申し上げた通り、私たちは日々拝観にいらっしゃる方々に鐘の説明をし、また鐘供養なども行っており、常に頭の片隅には鐘の伝説があります。今回先生のお話を聞いて、さらにこの鐘の力を証明するような霊障があったことが分かりましたので、今後の鐘の紹介の仕方も考えたいと思います。実はかつて拝観の方が自由に触れるような状態で公開

されていた時期もあったようですが、現在は厨子に納めて大切に保管しています。これからも「安珍・清姫伝説」とともに、寺宝である鐘を後世に伝えていきたいと思っています。

私もこの研究をしていた頃は、鐘のひび割れの部分は本当の話とは思っていなかったので、今回お話を伺って現物の鐘に即した話だったということが分かり、大変驚いています。

堤先生主催の怪談朗読イベントを妙満寺でやっていただくことは、修行をはじめたばかりの僧にも「安珍・清姫伝説」を勉強する機会となるので、とても有り難いんです。妙満寺は先生のいらっしゃる京都精華大学とも近いので、学生さんが来てくださると地域との交流もできますしね。宗門の皆にも今日伺ったようなお話を聞いてほしいので、ぜひ、先生に次回妙満寺での講演をお願いしたいです（笑）。

はい、ぜひ。怪談を後世に残していくという意味では、私たちも、研究だけで終わってはいけないなと思っています。今日のように実際に目でみたり、お話を伺ったり、また怪談朗読イベントなどでお客様の反応もみたりしながら、怪談に向き合っていきたいと思います。

深泥池《みどろがいけ》
—この世とあの世の境界—

深夜、タクシーに乗車する女

深泥池といえばタクシー怪談ですよね。一台のタクシーが、京都大学医学部附属病院の前で一人の女性客を拾う。行き先を尋ねると、女性は「深泥池まで」と答える。運転手は「こんな深夜になぜ」と不審に思いながらも車を走らせ、「着きましたよ」と後部座席に声をかけると、そこに女性はおらず、シートがぐっしょり濡れ、女性の髪が残っていた。実はタクシーが女性客を乗せたその夜、病院である女性が亡くなっており、その女性は深泥池の近くに住んでいた……という。深泥池にはそのほかにもいろいろな怖い噂があって、

有名な都市伝説の舞台でもある深泥池には、現在も不気味な雰囲気が漂う

有名な心霊スポットですよね。なぜ、深泥池にそのような怪談が多いか分かりますか。

夜に来たら何か出そうな雰囲気はありますよね。「深泥池」って名前もどことなく不気味だし。

もちろん雰囲気もあると思いますが、深泥池はかつて京都とその外、あの世とこの世をわける「境界の地」だったんです。地理的に、洛中からみると深泥池あたりまでは平地で、沼を越えた先は山に入るという、京都の北の境界としての意味合いがとても強い。怪談は、境界の地で生まれやすいんです。だから昔からこの地に不思議な伝承が多いんですね。

境界の地、深泥池

境界……。つまり、「ここから先は違う世界」ということですか。

そうです。かつて深泥池の東北隅には、節分で用いた豆を埋める「魔滅塚《まめづか》」があったといわれています。「鬼は外、福は内」といって鬼を退治した、その豆をここに埋めるのですね。昔は節分の後にまいた豆を捨てにくる風習があったんです。それをこの地に捨てるということは、つまり、この地は「北方から侵入しようとする悪いものから都を守る」という役割を担っていたのです。そういった「境界の地」に、集中的に怪談が発生するわけです。

「魔滅塚」の風習は、いつ頃まで存在していたのでしょうか。

江戸時代末期～明治頃まではあったようですね。昭和初期の記録では無くなっています。ところで、「安珍・清姫伝説」では、人間の女性が嫉妬のために蛇に変化したわけですが、深泥池にまつわる怪談でその逆のパターンのものがあります。つまり「沼の主である蛇が女性に変化して姿をあらわす」という話なんですね。十六世紀の半ばの成立とみられる「小栗判官《おぐりはんがん》」という話です。

どんなお話でしょうか。

小栗という主人公の青年が二十一歳までに七十二人の妻を迎えるのですが、いずれも気に入らず、何かと理由をつけて返してしまいます。ある雨の日、本当の出会いを求めて鞍馬寺に妻乞いに出かけ横笛を吹いていたところ、深泥池の大蛇が「この笛を吹いている人を一目みたい」と、美しい姫に化身して姿をあらわします。小栗もこの姫に一目惚れをして、すぐに契りを交わし、結婚してしまいます。

人間と蛇が結婚してしまうわけですね。

しかし、水精と交情した息子の話を聞いた父親は怒って息子を追放してしまいます。と、ここまでが『小栗判官』の話ですが、この話が大ヒットし、模倣作もたくさん作られます。また、芝居の一場面として取り入れられたり、芝居絵などにも描かれたりするようになり、人々の間で「水から出てくる女性」という図像が定着していきます。

そのイメージが深泥池のタクシー怪談にも繋がったのでしょうか。

そうでしょうね。深泥池＝女性の姿をした蛇、というイメージと、北の境界（魔を払う場所）

というイメージが合体して、タクシー怪談などが生まれる源になったのではないでしょうか。江戸時代まで当たり前にあった「深泥池、蛇、女」という連想が、明治時代に迷信として破却されるものの、形を変えてタクシー怪談などの現代怪談となったと考えられます。

ちなみに、十八世紀頃の名所記や説話集では、「深泥池の蛇体の女を、仏教の力で成仏させてやった」というパターンのお話が出てきます。たとえば、『京羽二重織留《きょうはぶたえおりどめ》』という十七世紀の名所記の、「深泥池の大蛇が女に化けて大徳寺の和尚の庵を訪ね、説法を聞いて成仏した」という話。この女（大蛇）が、成仏のお礼に深泥池と水脈がつながった井戸を大徳寺にささげ、その井戸はいつも水が涸れることなく、梅雨の頃になると自然と水が溢れだしたとあります。自然科学的には、深泥池から大徳寺周辺まで地下水脈が繋がっているというのは、ありえない話じゃないそうですよ。

深泥池地蔵堂

—外界から京を守る—

このお地蔵様はどういったものなのでしょうか。

かつて京都では、悪いものから都を守る目的で、都と街道の入り口にそれぞれ地蔵を祀りました。そのうちのひとつがこの深泥池地蔵で、鞍馬街道の入り口に立っています。そして、当初ここに安置された地蔵は、不思議な伝説が多く残る小野篁《おののたかむら》の作といわれているんです。

境界の地に地蔵を置いたんですね。しかも小野篁作とは、不思議なパワーがありそう。

しかし明治時代に廃仏毀釈《はいぶつきしゃく》が起こると、この周辺は上賀茂神社の氏子の地域だったので、「神の領域に仏教の地蔵があるのはよくない」ということで、初代の仏像は移動されてしまいました。京の境界に地蔵がなくなってしまったためか、相次いで火災が起き、止むを得ず二代目をつくったといわれています。こ

深泥池の西にひっそりと佇む小さな地蔵堂

の、「地蔵を取り除いたために災いが起きた」という部分が重要で、平安時代の「ケガレ」の発想に通じるんです。

「ケガレ」とはどういった考えですか。

「ケ」は「ハレ」の反対語で、ふだんの生活のこと。「ケガレ」とは「ケ枯れ」、つまり「日常がなくなってしまう」という意味です。命がなくなるから死のケガレ。そういう意味で、「地蔵を取り除いたために災厄が起きた」というのは、民俗学的にみれば非常に典型的な解釈といえます。

深泥池貴船《きふね》神社

―「鬼の国あり」―

ここから北に8㎞ほど行くと、縁結びでも有名な貴船神社がありますね。貴船神社には行ったことがありますが、深泥池貴船神社ははじめて知りました。

ここは、江戸時代初期に建てられた貴船神社の分社です。貴船神社があまりに洛中から離

鳥居の前で。鞍馬街道が急な坂道（びっくり坂）にさしかかる手前のあたり

れていて参詣が大変なので、境界の地に分社を建てたんですね。かつて「貴船神社の奥に鬼の国あり」という伝承があったようで、貴船神社の分社がここに建てられたというのは、深泥池に鬼を払った豆を埋める魔滅塚があったという事実と関係があるのではないかと思います。

深泥池からはじまって、深泥池地蔵堂、深泥池貴船神社と、「境界の地で北方からの魔を防ぐ」という発想でみると、一連の流れの中で捉えることができるのですね。

深泥池から妙満寺まで歩くと、二時間くらいのハイキングコースになります。京都の境界、また蛇と女の怪談を思い出しながら歩いていただくと、一味違う楽しみ方ができるのではないでしょうか。

※注

❖**怪談朗読イベント**　著者が主催する団体「百物語の館」は、一年を通して、京都を中心に寺社・イベント会場など様々な場所で怪談朗読会を開催している。

境界の怪談ツアー

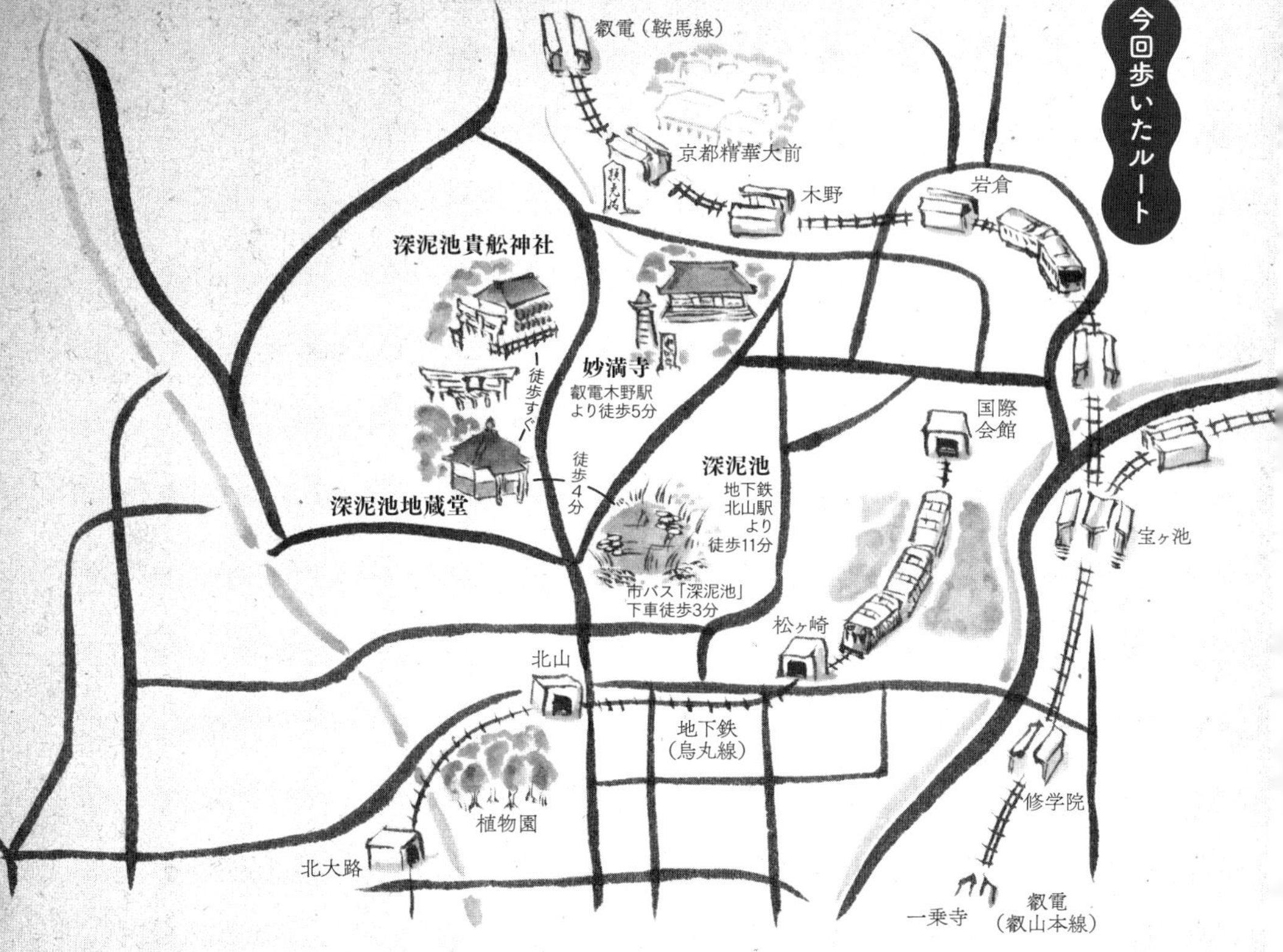

❖謡曲や歌舞伎に落とし込まれたり　「安珍・清姫伝説」は、能楽・文楽・歌舞伎・日本舞踊・邦楽などに取り込まれた。「道成寺物」と呼ばれ現在まで人気を博している。

❖出開帳　寺院が、普段非公開の本尊などを寺院外の場所に移して公開すること。江戸時代に流行し、人口の多い江戸で多く行われた。宗教行事であると同時に、一種の募金事業としても行われ、周囲には見世物小屋・飲食店などが設けられて賑わいをみせた。

❖小栗判官　説経節（仏教の説経が音楽化し、語り物となったもの）の代表作。

❖鞍馬街道　賀茂川の出雲路橋あたりから鞍馬寺へ至る街道。貴船神社・鞍馬寺への参詣道として平安期から利用された。

❖小野篁　802〜852年。平安前期の漢学者・歌人。昼間は朝廷で官吏を、夜間は冥府《めいふ》の閻魔《えんま》大王のもとで裁判の補佐をしていたという伝説がある。かつて「閻魔」と「地蔵」は対で考えられていたため、多くの地蔵に「小野篁作」という伝承が残っている。

蛇になる女の執念

摂取院《せっしゅいん》・おつうの森

たけは又、私に道徳を教へた。お寺へ屡々連れて行つて、地獄極楽の御絵掛地を見せて説明した。（中略）めかけ持つた人は二つ首のある青い蛇にからだを巻かれて、せつながつてゐた。

地獄の蛇女

太宰治は、自伝的作品である「思い出」（1933発表）の中で、幼い頃に女中の「たけ」にしばしば地獄絵をみせられ、「恐ろしくて泣き出した」と回想しています。ここに記された「二つ首のある青い蛇」とは、中世末から近世に流行した『熊野観心十界図』にも描かれた「両婦《ふため》地獄」のことでしょう（左図中央）。両婦地獄は、妾《めかけ》と本妻という二人の女性に惑う男が堕ちるところで、蛇身の女たちに体を巻かれて苦しみます。現在、京都では盆の六道まいり（84頁参照）の折に西福寺・六道珍皇寺で『熊野観心十界図』が公開され、愛欲地獄のありさまをまのあたりにすることができます。

一方で、両婦地獄の思想は仏教絵画の世界にとどまらず、江戸時代には寺院縁起となって「女人蛇体の物語」を流伝させていきます。

熊野観心十界図（六道珍皇寺蔵・部分）

大原の蛇寺

京都大原の摂取院は、「蛇寺」の異名で知られています。この寺を舞台とする「蛇道心《くちなわどうしん》」の話は、寺院縁起に取り込まれた蛇になる女の物語の典型といえます。江戸初頭に実在した僧・浄往《じょうおう》の奇しき出家のいきさつとは、どのようなものだったのでしょうか。

もと西陣の大工であった浄往は、妻の妹と密かに通じ、それを苦にした妻は憤死します。すると最期の一念が蛇と化して夫の首にまとわりつき、ときどきチクチクと咬んではつれない仕打ちを責めたてました。八方手を尽くしても離れない蛇の執念に耐えきれず、男は出家して「浄往」と名を変え、摂取院に籠って念仏三昧の日を過ごします。やがて厳しい修行のすえに、仏の力をかりて首筋の蛇を取り除くことができました。摂取院に残る「浄往法師脱蛇図」は、そのときのありさまを写したものといいます。

この話は鈴木正三《しょうさん》の仏教説話集『因果物語』（1661）や後世の怪談小説にさまざまな類話を生み出していきます。

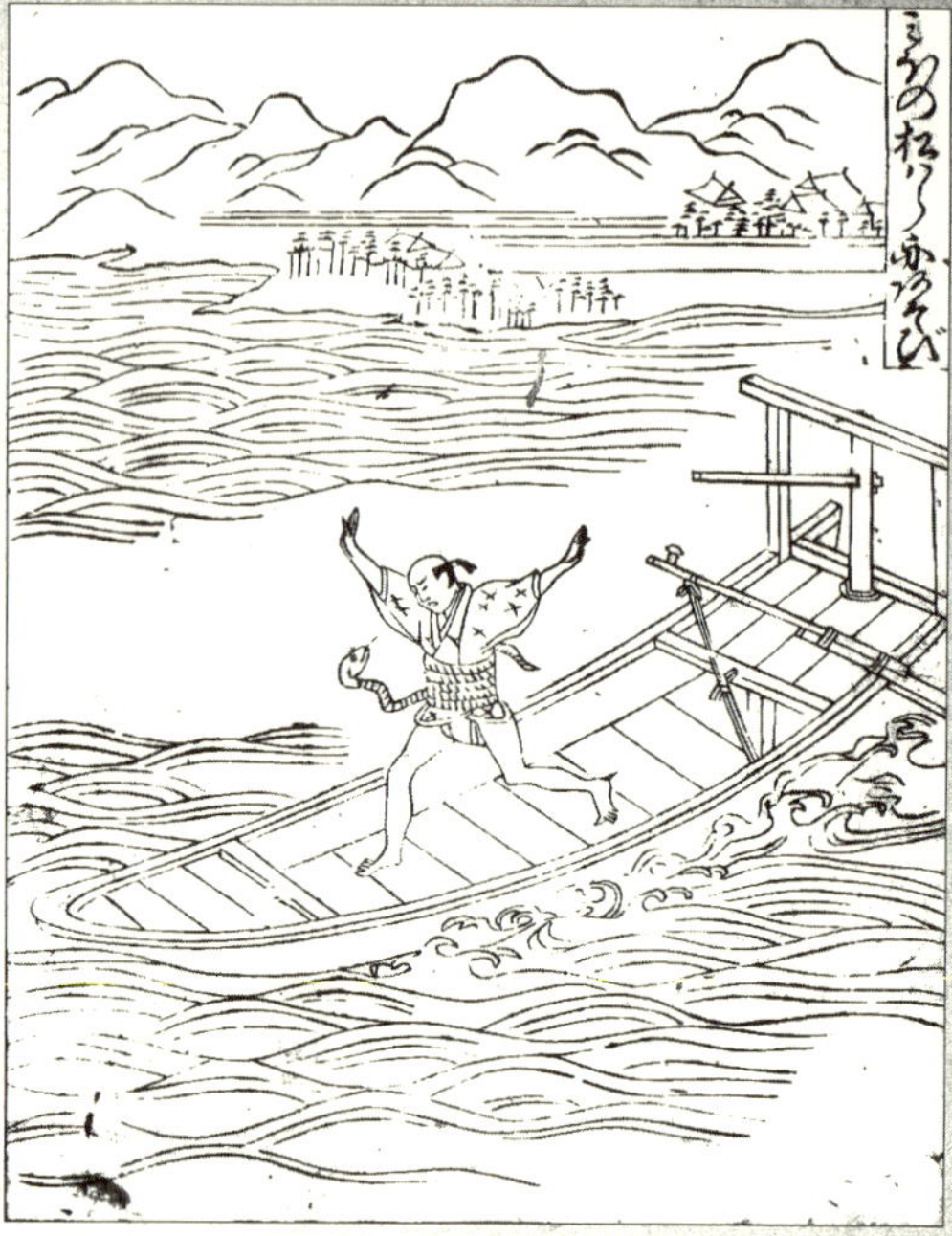

平仮名本『因果物語』「執心深き女の蛇に成たる事」挿絵
右端に「みほの松はら舟あそび」とある

のちに浅井了意《あさいりょうい》などがかかわって物語らしく内容を膨らませ、新たに挿絵を加えたとみられる平仮名本『因果物語』では、逃亡する男の末路が不気味な描写をともないながら小説化されていくのでした。

妻と恋人の板ばさみになった駿河国（現静岡県）の男は、不倫相手の殺害を企てます。「名所の三保の松原をみせてあげよう」と誘い出し、誰もみていない舟の上で女をあやめると、瞬時に女の怨念が蛇となって男の体にまとわりつき、離れなくなってしまいました。仕方なく出家して我が身を締めつける蛇と一緒に旅に出た男は、聖地・高野山に登って一旦は蛇の難を逃れます。しかし、三年経って下山すると再びもとのように体を巻かれてしまいます。途方にくれて蛇を着物で隠し故郷をめざす途中、男は怨念のために琵琶湖の底に沈められて死んでしまいます。もはやそこに仏法の救済はなく、怪異小説らしい凄惨な結末に改作されているのがよく分かります。女の執念は、逃げる男を決して許さないのです。

現在摂取院には、「浄往法師脱蛇図」のほか、境内の片隅に、一心不乱に念仏を唱える浄往の石像が置かれています。僧の膝のあたりに彫られた一匹の蛇は、蛇道心の物語を今に伝えるオブジェといえるでしょう。

竹村俊則《たけむらとしのり》『昭和京都名所図会3　洛北』（1982刊）によれば、女性に祟られた者が摂取院に参詣すると厄をまぬがれるご利益があったといいます。近世の摂取院縁起から派生した昭和の俗信を今に伝えたものといえるでしょう。

もうひとつの女人蛇体

大原の里をめぐる女と蛇の物語は、摂取院縁起だけではありません。寂光院《じゃっこういん》に至る道の途中に姿をあらわす「おつうの森」（乙が森）は、この里に古くから伝わる蛇体伝説の故地です。

近世の地誌『山州名跡志』（1711刊）は、若狭国（現福井県）に嫁入りした京の女が、夫と不仲になって大原まで逃れ入水自殺した話を記しています。その場所を「女郎淵」と呼び、そこを通りかかった夫を蛇体の女が馬ごと引き込もうとしたので「馬守淵」の名が生まれ、さらに夫の従者が石をなげて蛇を退散させたため「石籠淵」の地名が起こったという故事に触れています。

大蛇は「井出村」（現大原井出町）の水底に住みつき、ときおり里人に危害をなすようになります。そこで、妖魔の難を避けるため、村では男女がひとところに隠れて一夜を過ごすようになりました。節分の夜に江文《えぶみ》神社の社殿で共寝する「大原雑居寝《ざこね》」の起源伝承です。古代の乱婚の遺風を残す大原の奇祭のありさまについては、井原西鶴『好色一代男』（1682刊）巻三「一夜の枕物ぐるひ」に潤色されています。女人蛇体の物語は、どこか性愛の香気がつきまとっているようです。

腐敗していく美女

補陀洛寺《ふだらくじ》

百夜《ももよ》通い

絶世の美女とされた平安の歌人・小野小町《おののこまち》は、謎と伝説に満ちた人物です。

鞍馬街道が二軒茶屋を過ぎて山道にさしかかる篠坂峠の途中に、小町寺という寺院があります。この寺は深草の欣浄寺《ごんじょうじ》、山科区小野の随心院《ずいしんいん》とならぶ小町の伝承地でした。正式には「如意山補陀洛寺」と号する天台宗延暦寺派の古刹が「小町」の名を冠するようになったのは、謡曲『通小町《かよいこまち》』と大いにかかわりがあります。

八瀬《やせ》の山里に住む僧のもとに、毎日木の実や薪を届ける女がいました。名を尋ねると、「小野とはいわじ、薄生《すすき》いたる市原野辺に住む姥《うば》ぞ」と答え、どうか私を供養して欲しいといってかき消すように失せてしまいます。僧は小野小町が

秋風の　吹くにつけても　あなめあなめ
小野とはいはじ　薄おひけり

と詠じた古歌を思い出し、これこそ小町の亡霊に違いないと悟り、市原野をめざしました。

座具を広げて香を焚き、静かに経を読むところに、小町の霊があらわれて弔いに感謝し、さらなる回向を願います。

するとそこへ男の幽霊がやって来て恨みの言葉をつらね、僧の供養を妨げるのでした。それは、小町に裏切られ命を絶った深草少将《ふかくさのしょうしょう》の亡霊にほかなりません。小町の「百夜通えば恋の願いを聞きとどけます」という、つれない約束を信じたばかりに、男は雨の降る日も雪の舞う夜も小町のもとに通い続けたのです。ところが九十九日目に、あと一夜を残してこの世を去ってしまいます。果たせぬ思いの妄念ゆえに少将は地獄に堕ち、身悶えしながら小町の成仏を許しはしませんでした。

小町寺略縁起

現在、小町寺の境内には『通小町』にちなんで作られた深草少将供養塔が伝存するばかりか、「あなめの薄」「姿見の井戸」などの旧跡を目にすることができます。前者は行き倒れて白骨となった小町の目から薄が生えて「あなめあなめ」（目が痛い）と苦しむ話（『袋草紙』・『無名抄』など）をもとにしています。また後者の井戸は、老いて艶色を失った小町がおのれの姿を水面に映して嘆いたものといいます。百人一首で有名な「花の色は　うつりにけりな　いたづらに　我身世にふる　ながめせしまに」の歌より発想された伝承碑です。

こうした伝説に関連して、小町寺の本堂には「小町老衰像」と称する半跏趺坐《はんかふざ》（片足をもう片足のももの上に組んで座った状態）の木像が安置されています。江戸後期に刷られた『小町寺略縁起』をみると、木像は小町六十一歳のときの直作とされています。小町寺が刊行したこの略縁起には、ほかにも少将・小町（十八歳）の坐像や、両人の石塔、さらに

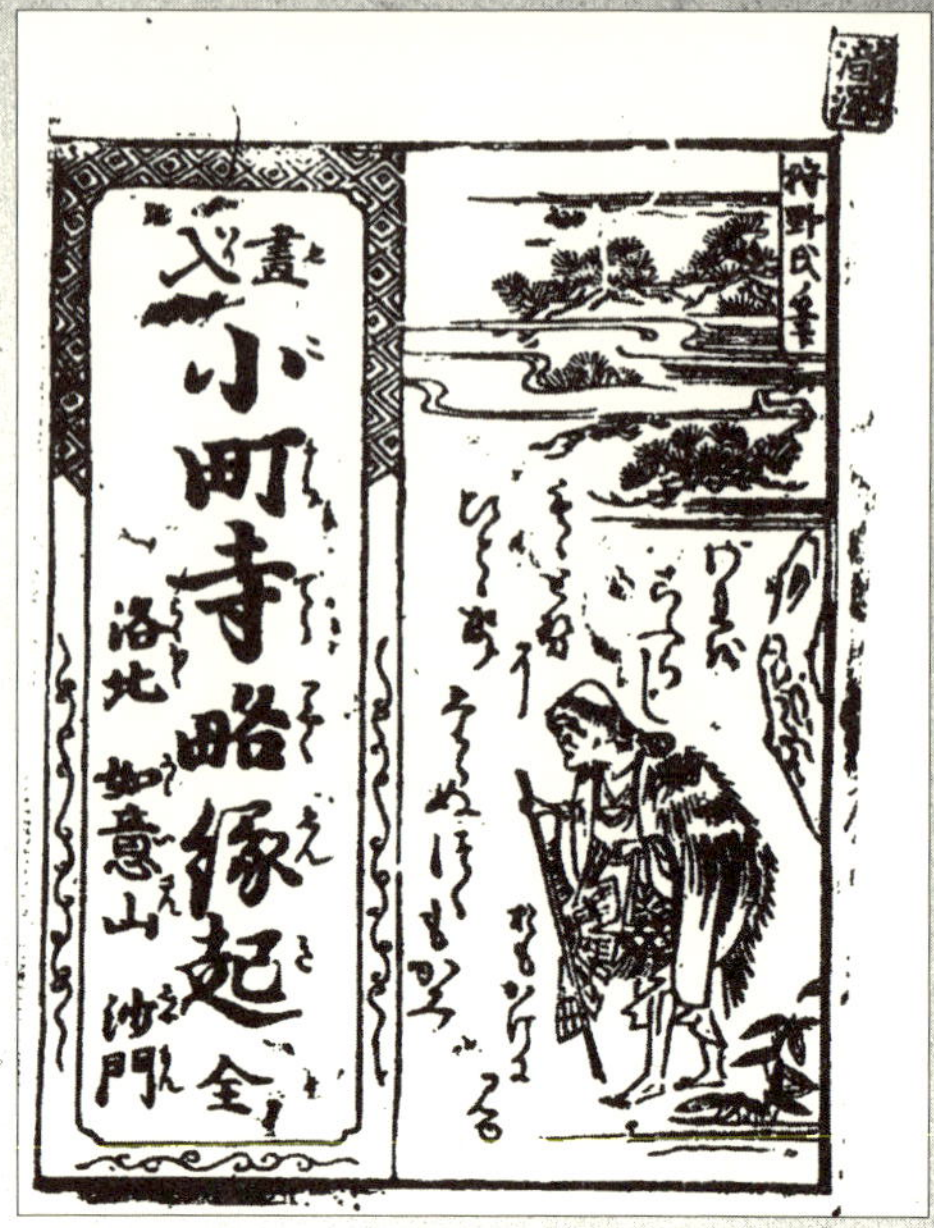

『画入小町寺略縁起』
（早稲田大学図書館蔵）
「如意山 沙門」とあり、この略縁起の発行者が如意山補陀洛寺（小町寺）の僧であったことが分かる。本文の挿絵は小町寺の宝物や境内の旧跡を図像化している

はあなめの薄とみられる「一本薄」が描かれており、小町伝説の証拠の品々が寺宝となって民間に知られていたことが分かります。

ちなみに早稲田大学図書館所蔵の『画入《えいり》小町寺略縁起』は江戸後期の戯作者・滝沢馬琴《たきざわばきん》の旧蔵本で、表紙の右上に「瀧澤」の印がみえます（上図）。江戸の戯作者にとってこのような通俗縁起が創作のもととなっていた事実がうかがえます。

近世文学とのかかわりでは、松尾芭蕉も老いた小町の哀れな末路を句作りの材料にしており（『猿蓑』、1691刊）、恋に生き恋に死ぬ小町のイメージが、江戸時代の人々の心に根付いていたことが分かります。

怖い寺宝

才智と艶色をほしいままにした小町の老醜というテーマは、仏教の無常観を説くのに適した題材でした。そうした理由から、小町寺の宝物の中には、死美人の肉体が腐敗し骨になるまでのありさまを九段階に分けて図像化した「九相図」や、小町の亡骸《むくろ》の変わりゆく様子を描いた「小町絵」が加えられ、今に至っています。かつては参詣の人々に向けてこれらの掛図を用いた絵解き説法が行われていたものと考えられます。小町寺は「怖い寺宝」の宝庫でもあるのです。

さらにまた、百夜通いの伝説は洛中洛外にさまざまな異説を生み出しています。中京区

九相図屏風（著者蔵）

河原町二条上ルの法雲寺境内に、菊野大明神という縁切りで知られる神祠が祀られています。一説では、その御神体は「深草少将腰掛石」で、百夜通いの途中に少将がひと休みした霊石とされています。女の薄情を恨んで死んだ男の無念さが石に宿り、やがて悪縁を切り良縁を得る利益《りやく》をもたらすようになったのです。荒ぶる怨魂を神として祀り上げ、強力な霊力の利益神に変えていく。小町伝説から派生した民間信仰の現場をまのあたりにすることができます。

死者の世界に続く道

ところで、市原の小町寺が深草少将の幽霊話を語るのにふさわしい場となった背景には、葬送地としての市原の地理条件が関係している可能性があります。

小町寺の石段下を通る鞍馬街道の篠坂は、きつい勾配の峠道です。両側が切通し（山・丘などを切り開いて通した道）の崖になっていて、北に向かって右は小町寺、左には鎌倉期の石仏群を擁する恵光寺《えこうじ》の境内が広がります。このあたりは古来、市原野の集団墳墓地が散在し、死者を埋葬する三昧聖《さんまいひじり》（火葬や埋葬・墓所の管理などにあたった俗聖）の活動地域でした。鴨川の水源にあたる鞍馬川の流域では、遺体を葬ることを忌み嫌い、川より南の篠坂峠を墳墓地にしていました。そこは峠という物理的な境の場所であるばかりか、死の世界に連なる無常野でもあったのです。

篠坂峠は、実に異界性の濃い土地柄でした。洛北・小町寺にまつわる美女盛衰の伝承を支えた京都の地理感覚は注目に値します。

蛇髪の女

七条道場・金光寺

夢と蛇のまぼろし

その昔、京の何某の屋敷に、主人の寵愛を受けた二人の腰元がおりました。一人は出雲（現島根県）出身、もう一人は豊後（現大分県）の者です。あるとき奥の座敷から女たちの呻き声が聞こえてきたため、不審に思い主人が様子をうかがうと、何とも恐ろしい光景が目に入ります。枕をならべて昼寝をする二人の長い髪が宙に舞い上って蛇のようにからみ合い、せめぎ合っていたのです。枕元には一尺二、三寸ほどの二筋の小蛇が赤い舌を出しながら闘諍《とうじょう》をくり返しているではありませんか。眠る女たちは、ともに低い呻きをあげています。男は、みぬふりをしてあらためて声を掛けてみました。

「悪い夢をみたのではないか！」

目を覚ました腰元が汗まみれの姿で答えます。「何か分からぬまま、誰かと争う夢をみました」。女の言葉に、男は仲睦まじく暮らす腰元たちの心の奥に渦まく憎悪を悟り、二人ともに暇《いとま》を出したのでした。それからというもの、男は二度と女性を近付けませんでした。

この話は近世初期の怪異小説『曽呂里《そろり》物語』（1663刊）巻五の二に「夢あらそひの事」と題して載っているものです。末尾に「女の妄念は恐ろしき故、男に勝れ罪も深きと、古

『曽呂里物語』（国立国会図書館蔵）
「夢あらそひの事」挿絵
長い髪が蛇のようにからまりあって

へより申し伝へ侍る」と述べて、女性の罪障を語る古伝承の存在を仄《ほの》めかしています。

同種同材の悪夢をめぐる記録を、戦国期の地方奇談集に見出すことができます。たとえば、播磨国（現兵庫県）の古写本百二十五部を集めた『播陽万宝智恵袋《ばんようばんぽうちえぶくろ》』（1760完成）には、天正年間（1573〜92）前後に流布した蛇髪の夢の風説が取り上げられています。そのひとつ、『播州龍城聞書《ばんしゅうりゅうじょうききがき》』（天正年間頃）は、藤井平文という豪農の身辺に起きた夢争いの妖異を記しています。十七才と十五才の妾《めかけ》を家に入れて色に耽る男の夢に、両婦の口から蛇が出て喰らい合う幻影があらわれます。結局男は仏道に助けを求め、三人揃って出家したのでした。仏教色の濃い蛇髪説話の流れが、『曽呂里物語』以前に民間に広まっていたと考えても差し支えないでしょう。

一遍上人出家の秘話

深い嫉妬の念が女の髪を蛇に変化させる奇談は、時宗《じしゅう》の開祖・一遍智真《いっぺんちしん》（1239〜89）の伝記にからめた宗教説話となって、江戸初期の京都で流布していました。浅井了意《あさいりょうい》（90頁参照）の地理書『京雀』（1665刊）は、七条材木町（河原町七条付近）にあった時宗の七条道場・金光寺を紹介する中で、一遍の次のようなエピソードに触れています。

一遍は俗姓を河野《こうの》氏といい、伊予国（現愛媛県）の名家の出身でした。あるとき、碁盤を枕に昼寝する二人の妾の髪が蛇と化して争う姿を目にします。人の心の闇に底知れない罪

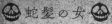

の深さを感じ取り、とっさに刀を抜いて小蛇を切り分け、みずからも家名を捨てて比叡山に登り「一遍智真」となるのでした。

なお、『京雀』は章末に「二人の妾もおなじく出家して一遍上人にともなひ侍べり。時宗に尼を妻とするは此故にや」と付記し、妻帯の宗風を説明しています。民衆に分け入り、念仏の教えを広めた時宗僧を仲立ちとして、二人の女性に惑った開祖の懺悔ばなしが市井に浸透していったのです。

ちなみに七条の金光寺は明治三十九年（１９０６）に廃され、同四十一年に円山公園東側の長楽寺に合併されます。現在長楽寺に伝わる一遍上人像（室町時代）は金光寺の遺仏といいます。京都市内にはほかに富小路六条の金光寺（市屋道場）がありますが、こちらは七条道場と別の時宗寺院です。

夢争いのゆくえ

一方、一遍の伝記とは別のところで、蛇髪の女の物語は江戸怪談や芝居の世界に幻妖な物語の流れを形づくっていきました。

江戸時代前期の浮世草子作者・西村市郎《にしむらいちろう》右衛門《えもん》の怪異小説『御伽比丘尼《おとぎびくに》』（１６８７刊）では、吉野山に籠もる三十余りの尼僧の口から、在俗の頃の不思議な体験が語られます。尼はもと「常磐」という遊女で、傍輩の若山と客の男をめぐり「物狂はしきまで恨み思う」間柄になっていました。狭い遊郭に身を置く悲しさ、ひとつ屋根の下で暮らす日々を過ごすうち、妬む気持ちをどうにも抑えることができなくなっていきます。ある晩のこと、「焔となって互に掴み」かかる夢をみて目覚め、隣に寝る若山を揺り起こすと、若山も同じ悪夢に苛まれていたのです。二人の遊女は煩悩の闇を悟り、常磐は妙安、若山は妙吟と名を改め、それぞれ吉野と嵯峨に隠遁して仏に仕える尼僧となったのでした。

かなり潤色を凝らした内容ながら、こうした怪異小説の原風景に、出家の機縁をつまびらかにする一遍伝のような仏教説話の伝統が見え隠れしています。

さらにまた浄瑠璃芝居の舞台に目を移すと、一遍の俗伝を、説経節で有名な「苅萱道心《かるかやどうしん》」の発心に読みかえる新作が上方《かみがた》で上演されて、人気を得ていたことが分かります。説経節の「苅萱」では、筑前苅萱荘（現福岡県）の領主・加藤繁氏《しげうじ》がこの世の無常を感じて出家、苅萱道心と名乗るようになります。子が高野山までたずねてくるも、師との誓いを守り、親子の名のりを思いとどまるという、父子の哀切に満ちた物語ですが、説経節では苅萱の出家の理由は明らかにされていません。

享保二十年（1735）の八月、大坂豊竹座初演の『苅萱桑門筑紫轢《かるかやどうしんつくしのいえづと》』（並木宗輔・並木丈輔合作）は、中世以来の「苅萱もの」に材を得ながら、原作にはない蛇髪の女の夢争いを新たに加え、おぞましい妬毒の場を出家のきっかけとする新趣向を作品の生命としています。初演直後の翌年正月には、大坂で歌舞伎化され、再演時の寛政二年（1790）にも大当たりをとるなど、いずれも好評を博したといいます。大衆文化の申し子である歌舞伎興行を媒介として、苅萱ものにアレンジされた蛇髪の女の物語は広く巷間に知られるようになっていきました。

現在、高野山（和歌山県）の苅萱堂に掲げられている昭和初期作の額絵には、芝居の名場面を模写した蛇髪の女の図が、「加藤繁氏発心の景」と銘打って描かれています。苅萱一代記の絵解きに用いられる額絵の出典は、実は大衆芝居にあったわけです。宗教と芸能の、キャッチボールにも似た説話の共有が見て取れる事例ではないでしょうか。

生首と旅する僧

粟田口《あわたぐち》

愛の記念《かたみ》

江戸時代のはじめのことです。京の都に、さる浄土宗の寺で修行する年若い僧がおりました。彼には、在俗の頃深い仲になった恋人があり、出家ののちも密かに逢瀬を重ねていたのです。しかし、やがて二人の恋に終止符が打たれるときが来ます。師匠の命により、僧は関東の学問所に入って浄土宗の奥義を修めなくてはならなくなったからです。

旅立ちの朝早く、二人は別れの決心がつかないまま、都のはずれの粟田口《あわたぐち》までやってきました。僧が重い口を開きます。「名残りは尽きぬが、こうしていてもきりがない。また逢う日まで、しばしの間お別れだ」。話の道理は娘にもよく分かっていました。しかし、彼女はほとばしる情念を抑えることができません。「あなたとお別れするくらいなら、いっそ死んだ方が楽でございます。もう覚悟はできているのです。今すぐ私の首を刎《は》ねてください。そうして二人の愛の記念にいつまでもおそばに置いてくださいませ」。あまりの申し出に僧は驚き呆れ心乱れます。しかし死を覚悟している者に、今更「帰れ」ともいえず、迷いに迷った挙句、ついに刀に手を伸ばし、心を鬼にして娘の細首を打ち落としました。

『新御伽婢子』「女の生首」挿絵
私の首だけでも、連れて行って

「許してくれ!」

血潮を吹き出しながら、頭を失った亡骸がその場に倒れ込みます。僧は震える手で生首を油紙に包み、荷物の底に隠すと、一路東海道を東に向かったのでした。

夜明けの粟田口に繰り広げられた男と女の凄絶な愛の物語は、京都版の怪異小説『新御《しんお》伽婢子《とぎぼうこ》』（1683刊）巻二の四に「女の生首《いきくび》」と題して載るものです。作者は京都三条の本屋で、みずからも小説本を手がけた西村市郎右衛門（俳号は未達）でした。

僧坊の秘密

さて、この話の本当の怖さは、物語の後半に描かれた僧院内の怪事件にあります。舞台は下総国飯沼（現茨城県）の弘経《ぐきょう》寺です。

江戸時代、各地方の若い浄土僧たちは、幕府公認の宗教学校である「檀林《だんりん》」に寄宿して宗門の教えを学ぶのが常でした。京の修行僧も、関東十八檀林のひとつの弘経寺に一部屋を与えられ、学問に励むことになったのです。

ところがしばらくして、寄宿僧の間に奇妙な噂が囁かれるようになります。「京から来た新入りの部屋から艶めかしい女の声がする」というのです。訝しく思い、壁の隙間より覗いてみましたが、あの僧のほかには誰もいません。狭い僧坊に女など隠す場所もあるまい、気のせいか——ということになり、いつしか沙汰止みになりま

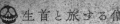

した。
三年後、京に残した母親が病に倒れ、くだんの僧は取るものも取らずに修行を中断し、実家に帰って行きました。それから一か月ほど経った頃、再び不思議な出来事が起こります。誰もいないはずの部屋から、すすり哭く女の声が聞こえる……。弘経寺の山内は大騒ぎになり、京の若僧の荷物をあらためることになりました。小さな部屋の片隅に置かれた丸い木箱に皆の視線が集まります。耳を澄ませば、かすかに女の嗚咽が漏れているではありませんか。「正体はこれか！」。おそるおそる蓋を取ると、幾重にも油紙で包んだものが入っています。一枚一枚丁寧に剥がしていくと、驚いたことに女の首が姿をあらわしました。肌はまるで生きているかのごとくに艶やかです。啞然として立ちつくす僧たちを見回しながら、首は恥ずかしそうにうつむき、朝日の前の白雪のようにじわじわとしおれて、茶褐色の干し首に変じていきました。
どのような事情があるのか分からないまま、弘経寺の住職は女の首をねんごろに弔い境内の片隅に葬りました。数日後、京より若僧の訃報がとどきます。死亡した日時を照らし合わすと、女の首が見つかったのとまったく同じ刻限でした。

学寮の怪談

戒律の厳しい僧院で、恋人の生首と暮らす僧の物語は、確かに怪異と猟奇の雰囲気に彩られた作柄に違いないでしょう。

一方、修行僧のつどう大寺院の周辺には、これとほぼ同内容の生首譚が見出されます。この事実は、こうした話の宗教的な土壌を物語っています。

たとえば、曹洞宗大本山の永平寺（福井県）に、七不思議のひとつとして伝わる「首座《しゅそ》単《たん》の首」の伝説は、その典型です。「百日の間、境内から外に出てはならない役目（首座）にあった修行僧が、恋人の娘を殺し、その首を寺の戸棚に隠した」という話で、禁足修行（外出を許されない修行）の辛さを背景とするものでした。また、妙心寺派の臨済僧・曇龍《どんりゅう》東鯉《とうり》が編んだ写本説教書の『怪談信筆』（1715成立、大谷大学林山文庫蔵）をひもとくと、埼玉県川越市の浄土宗十八檀林・蓮馨《れんけい》寺にまつわる女の首事件の記録に行きあたります。

僧坊に広まった同種同材の奇談のかたまりを「学寮の怪談」と名付けたのは、国文学者の後小路《うしろしょうじ》薫《かおる》氏でした（『勧化本の研究』和泉書店）。今日の小、中学校に「学校の怪談」があるのと同じく、寺の宗教学寮に寝起きする若い修行僧の世界にあっても「学寮の怪談」が密かに語られていたのかもしれません。男ばかりが集まる禁欲と戒律の閉鎖空間に、恋人の生首を持ち込む。そのようなショッキングな話の発生源に寺と怪談の近接があったことは実に興味深い宗教文化の一断面といえるでしょう。

なお、『新御伽婢子』の生首譚は、のちに鶴屋南北作の歌舞伎『解脱衣楓累《げだつのきぬもみじがさね》』（1812）に脚色されています。ただしこれは支し障りがあり一度も上演されなかったので、同じく南北作の『東海道四谷怪談』（1825初演）ほどには後世の目に触れることがありませんでした。

水神となった嫉妬深い女

橋姫神社

宇治の橋姫

両岸を結ぶ接触点であり、境界の意味合いを帯びる橋は、古来神霊の依《よ》り集まるところと考えられており、さまざまな不思議が起こる空間といわれてきました。橋のたもとに立って行き交う人の会話から未来を予知する「橋占《はしうら》」の民俗をはじめ、橋に巣くう鬼女の説話や産女《うぶめ》、人柱《ひとばしら》の伝説に至るまで、みえない世界の伝承にこと欠きません。民俗学者の柳田国男《やなぎたくにお》によれば、橋のたもとには外部から侵入する邪霊を防ぐ男女一対の神が祀られ、むやみに近寄ったり、二神の間を通り抜けたりすることを忌む習俗があったといいます。

のちには女神に付帯する産育・性愛の要素が強調されるようになり、『今昔物語集』（十二世紀成立）や謡曲で有名な鬼女・産女の怪異を生むとともに、嫉妬深い橋姫の伝承が諸国の名橋にからめて語られるようになりました。京都の五条、山城の宇治、摂津の長柄《ながら》（大阪府）、近江の瀬田（滋賀県）などは、いずれも橋のたもとに鎮座する橋姫をめぐる、情愛と祟りの不気味な伝承をともないます。

中でも宇治の橋姫は、ことのほか嫉妬心の強い神とされ、中世以前の諸書に女霊のもの妬みを語る説話が散在します。『古今和歌集』（913頃成立）にみえる、

さむしろに　衣かたしき　こよひもや
我をまつらむ　宇治の橋姫

の歌の古注釈に、「宇治の離宮明神が毎晩橋姫のもとに通い、明け方に川波を荒立てながら帰っていく」といいます。さらに『古今為家抄《こきんためいえしょう》』（1263成立）には、夫に捨てられた女が宇治川の水に髪をひたして鬼になった説話がみえ、祟り神としての橋姫の性格が醜怪《しゅうかい》な鬼女伝説に遷移する道筋を理解することができます。

橋姫社の不吉な言い伝え

こうした橋姫伝承の流れは、やがて近世の民間信仰において、宇治の橋姫神社を畏《おそ》れの対象と考える禁忌の伝承を生み出していきます。

橋姫神社は、橋の守護神として宇治橋の上に祀られていましたが、江戸期には西詰北側に移り、明治三年（1870）の流水により現在地（西詰の100m南）に住吉明神と合祀されました。

江戸前期の地誌『出来斎京土産《できさいきょうみやげ》』（1677刊）巻七の「橋姫宮《はしひめのみや》」の記述によれば、「嫁入りの行列は社の前を横切ってはならない。この戒めを守らないと必ず離婚する」との不吉な言い伝えが、十七世紀の京都で囁かれていたといいます。どうしても縁組みをしたいとき、宇治川両岸の宇治・久世二郡の住民は、わざわざ船に乗り橋の下を通っていたといいます。この種の口碑のため、近年、橋姫社は悪縁を絶つ縁切りの神として、世俗の信仰を集めています。

妬《ねた》みのはてに

宇治の橋姫にまつわる近世の民間信仰をもとに、京都の仮名草子作者・浅井了意は、『伽婢子《おとぎぼうこ》』（1666刊）の巻十の二「妬婦《とふ》水神となる」という話を残しています。

醜怪な容貌ゆえに配偶者の無い橋姫は、「ひとりやもめなる事をうら」んで幸せそうな婚儀に災いをもたらす。そのような因縁語りを前置きとして、話は宇治の里に住む富豪の岡谷式部と妻女の奇談へ展開していきます。

岡谷の女房は筋目正しい領主の娘でしたが、その妬み心は尋常ではありませんでした。少しでも見た目のよい下女はすべて追い出し、男好きのしない者しか雇いません。男女の恋の噂を耳にすれば、他人事なのに腹を立て、ましてや夫のことになると、すさまじい嫉妬のあまり一歩も外に出さないので、岡谷もすっかり嫌気がさし、持て余していました。一度は離縁を考えたものの、「わらわに暇《いとま》なぞ出してごらんなさい。きっと鬼になって取り殺して進ぜましょう」などともの凄い剣幕で罵りさわぐため親元に返すわけにもいかず、跡継ぎの子もないまま年を重ねていました。

あるとき、岡谷は嫉妬のあまり鬼になったという『源氏物語』の登場人物を引き合いに出しながら、妻に向かって小言を口にします。

「伝え聞く『源氏物語』の女たちは、妬みが災いして後世まで世の語り草になったのじゃ。だが、空恐ろしい話とはいえ、いにしえの女房は皆眉目《みめ》麗しい美人ぞろいというではないか。そなたがもう少し顔かたちの整った女だったら……。いやいや、そうでなくとも良いから、日頃の嫉妬心をほんの少しだけ抑えて欲しいものじゃ」。

『伽婢子』
「妬婦水神となる」挿絵
嫉妬のあまり川に身を投げた女は鬼となり

「不器量なわらわに嫌気がさして、ほかの女に心を移すというのか。よくもよくもさようなことを！　もはやこれまでじゃ。異形になりとも姿を変えて、この気の多い男に思い知らせてやる！」。そういうと女は髪を逆立て、口が耳まで裂けるほどの形相で血の涙を流しながら家を飛び出し、宇治川の流れに身を投げたのでした。

泳ぎの上手い者を雇って水底をくまなく探したのですが、結局女の死骸は見つかりませんでした。仕方なく岡谷は宇治平等院の僧に弔いを頼みました。

初七日の夜、夢の中に女房があらわれ、岡谷にこう告げます。「わらわは死してこの川の神となったのじゃ。今より後、宇治橋を渡って嫁入りする婚礼の儀あれば、必ずや行く末不幸となるであろう」。

この出来事以来、橋を渡って縁を結ぶ者はいっさいなくなったのです。花嫁を舟に乗せて向こう岸に嫁がせた場合も、女の容色が見劣りするときは何も変事は起きません。しかし美女を乗せたりすると必ず強い風が吹き、波も立ち荒れて舟を危険にさらすというのです。かような言い伝えから、波風の具合で嫁入り舟の主の器量が分かるのだと、宇治の里人はいったものです。

以上が、宇治の橋姫にまつわる口伝に材を得ながら、江戸怪談らしいドメスティックな男と女の物語に仕立てた「水神になる妬婦」の奇談でした。女性の修身テキストである「女訓書」が全盛を迎えた近世。当時と倫理観を異にする現在では、単なるひどい話になってしまうかもしれません。

コラム1

怖い井戸

現在の京都市は河川の暗渠《あんきょ》化が進んだため想像しにくいですが、京都の地下には大量の水脈が眠っています。一説によると琵琶湖と同じくらいの量の地下水を湛えているといわれ、「京都の地下は水瓶」ともいわれます。町のあちこちに湧く井戸にまつわる伝承の中には、男女の愛憎や嫉妬・復讐、そして縁切りの習俗にからめた「怖い井戸」の話が少なくありません。

下京区堺町通松原下ルの鉄輪《かなわ》の井戸は、浮気癖のある夫を呪い、毎夜貴船神社まで丑の刻参りに通った鬼になる女の伝説を伝えています。「鉄輪」とは、金属製の輪に三脚をつけた、鍋ややかんを支える道具のことです。女はこれを頭にのせ、蠟燭を灯して貴船神社へ向かったものの、結局気疲れのためにこの井戸のあたりで死に、怨霊となって祟ったというのです。謡曲『鉄輪』に脚色された妬婦《とふ》の話が、町角の井戸にまつわる因縁となって、実際に今日まで残っている点は興味深いものといえるでしょう。

『謡訓蒙図彙』（著者蔵、1732刊『謡曲画誌』の改題再刊本）「鉄輪」挿絵
貴船で鬼になる女の図

第2章

怪談に名を残す人々

怪談フィールドワーク❷

首塚をめぐる

瑞泉寺
―上田秋成の「仏法僧」―

秀次の切腹と公開処刑

今回は瑞泉寺からスタートです。こちらはどんなお寺なのでしょうか。

瑞泉寺は、非業の死を遂げた豊臣秀次の首を埋めた塚のあった場所に建てられたと伝えられているお寺です。

非業の死とは。

秀次は豊臣秀吉の養子で、二代目関白となったのですが、悪逆の汚名と謀反の罪を着せられ、文禄四年（1595）に切腹させられました。さらに、秀次の首が京都の三条河原に移されると、その前に秀次の一族が引き出されて、次々と公開処刑されたのです。

なぜそんな残酷なことが行われたのですか。

諸説ありますが、ここからはご住職の中川龍学さんに詳しくお話を伺いましょう。

本日はお越しくださりありがとうございます。

秀次公が惨い目にあった理由ですが、「秀吉の愛妾・淀の君に秀頼が生まれ、自らの子を盲愛した秀吉から疎まれた」という説や、「石田三成らの奸計によるもの」とする説、また「秀吉の進める朝鮮征伐に秀次公が異を唱えたから」とする説などがあります。

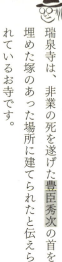

処刑されたのはどれくらいの人数だったのでしょう。

処刑された秀次公の御一族は、四人の若君と一人の姫君、そして側室として仕えた美しい女性たち三十四人の合計三十九人でした。三条大橋から多くの人が見守る中、一人ずつ処刑されては大きく掘られた穴に投げ込まれたと伝えられています。その後、遺骸が投げ込まれ埋められた穴の跡に、見せしめのために大きな塚が築かれました。頂上には秀次公の首を納めた「石びつ」が据えられ、「秀次悪逆塚」と記してあったといわれています。

今回話を伺った瑞泉寺ご住職の中川龍学さん。イラストレーターとしても活躍している

悪逆とは、かなりインパクトの強い表現ですね。

それから十六年の時が経って、慶長十六年（1611）、京都の豪商・角倉了以《すみのくらりょうい》は運河として高瀬川を開削する工事を行っていました。その途中、三条あたりにさしかかったとき、荒廃した塚と石びつを発見します。心を痛めた了以は、後に瑞泉寺の開山となる僧と相談をして、荒廃した墓域を整理し、ご一族の菩提を弔うため、瑞泉寺を建立しました。寺伝によれば、この塚の位置に現在の本堂が建てられたとされています。

フィクション化された秀次

上田秋成《うえだあきなり》の『雨月物語』（1776刊）に、「仏法僧《ぶっぽうそう》」という話があって、その中にこの塚が出てきます。旅の親子が高野山で秀次の霊に会って大変怖い思いをする。そして後日、三条の大橋を通り過ぎる際に、悪逆塚のことを思い出して、寺のほうに目をやるという。

この話は、上田秋成の創作でしょうか。

『雨月物語』の少し前に刊行された『怪談とのゐ袋』（1768刊）に、少し雰囲気は違うものの秀次の霊の話が出てきますので、既にこうした話は流布していたと考えられます。処刑があったのが1595年ですから、事件から約百七十年経った頃で、ひと時代前の歴史をフィクション化するという文芸流行の土壌からこうした話が生まれたのではないかと思います。

繁華街の中にひっそりと佇む瑞泉寺

豊臣関係のお寺って、徳川の時代に入って取り壊されたものが多いと思います。今あるものも、明治時代に再建されたものがほとんどです。なぜ瑞泉寺が残っているかというと、「反豊臣」だったからですね。秀次は、秀吉に逆らって殺されたとされていますから。実質的に瑞泉寺を建てた角倉了以が徳川幕府の奉行だったので、残されたということもあるようです。

私の祖父の代（先々代住職）くらいまでは、一般客の拝観を遮断して、ひっそりとこの塚をお守りしていたんです。しかし、父親の代になって一般に開放するようになりました。

なぜ一般公開をはじめられたのですか。

ひっそりと守りすぎて、「瑞泉寺」という寺が京都の人から忘れ去られてしまったためです。今では、処刑された秀次公や側室の子孫の人たちがお参りにきてくださいます。一般公開は父親が住職を継いでから後のことなので、ここ二十年程のことです。子孫の人々も、家族の間だけでこの事件の話をひっそりと語り継いでこられていたところ、ようやく近年になってこうした歴史から解放され、お参りにきていただけるようになった。秀次公の切腹とご一族の処刑は、それくらい衝撃的な事件だったんですね。「今でも人々の中で事件はまだ終わっていないのだ」と感じます。

当時はとてもショッキングだったはずですから、上田秋成に至る約百八十年も必要な時間だったのでしょう。上田秋成の作品には、崇徳院の怨霊をはじめ歴史的な事件を取り入れようという姿勢がみられます。

描かれた秀次事件

『秀次公縁起』（制作年不明）という絵巻があります。秀次公が伏見城に行くところから、高野山での謹慎、切腹、側室の市中引き回し、公開処刑の場面が描かれ、塚が立った場面で終わる絵巻ですが、ここには処刑直後に作られた塚が描かれています。当初はピラミッド

現在の供養塔。中央に、秀次の首を入れたと伝えられる石びつが安置されている

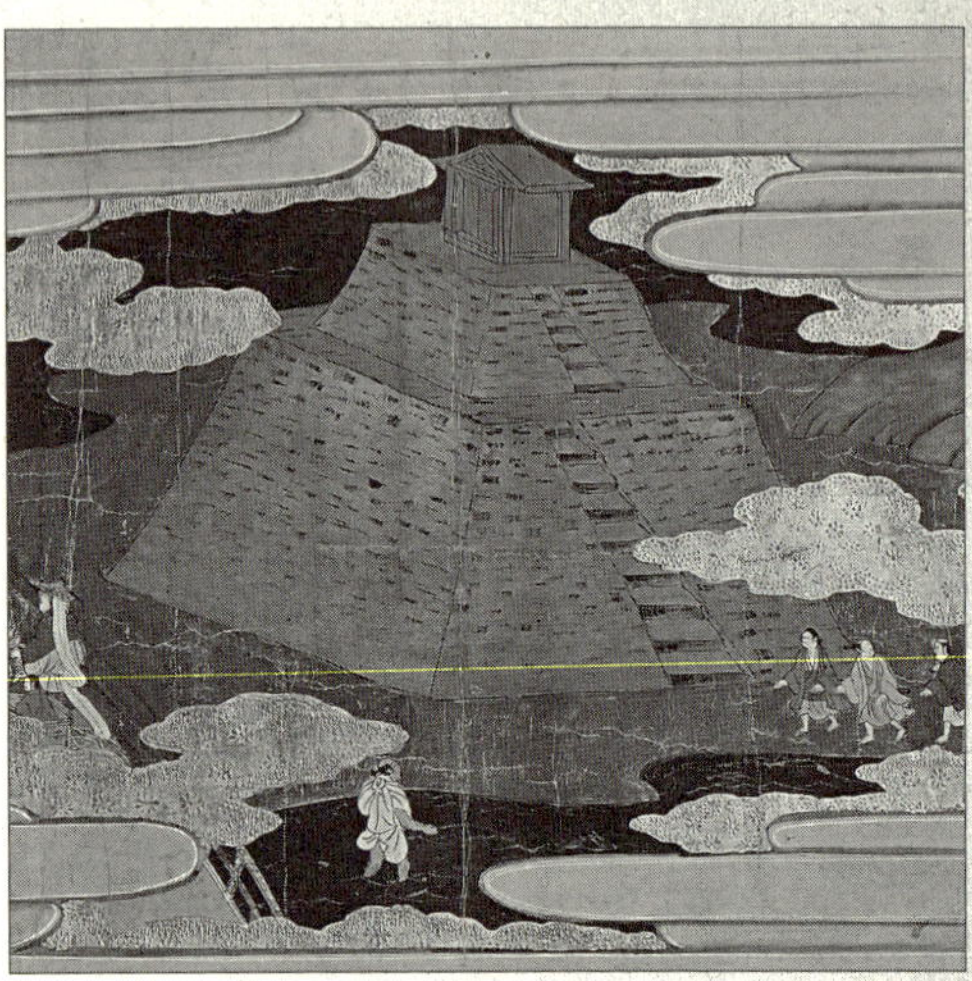

『秀次公縁起』に描かれた塚（慈舟山 瑞泉寺蔵）

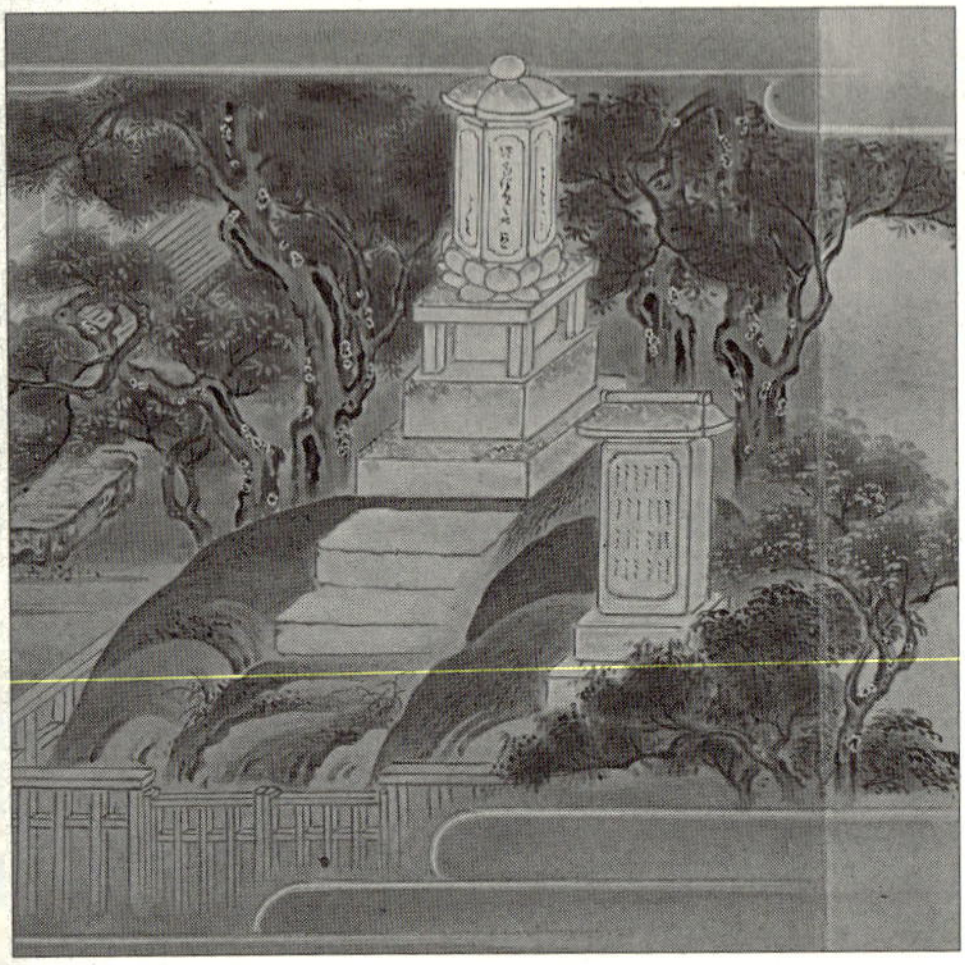

『瑞泉寺縁起』に描かれた塚（同右）

形のもので、一番上に首のはいった石びつがのせてあって、巨大なものだったようです。別に『瑞泉寺縁起』（十八世紀後半頃制作か）が瑞泉寺に伝わっていて、ここにも処刑の絵や塚が描かれているんですが、現在の塚と同じ形が描かれているんですね。現在の塚（石塔）は、天和三年（1683）、角倉家より新たに寄進を受け寺が現在の形になった頃に作られたとされているものです。そのため、『秀次公縁起』の方が古いものだと考えています。ちなみに、岩佐又兵衛筆『洛中洛外図屏風』（舟木本・十七世紀）でも三条の橋のたもとに塚の姿がしっかり描かれています。資料が新しくなればなるほど塚がどんどん土くれになり、その後に瑞泉寺が立つ様子がよく分かります。

現在も節目節目にこの事件のことが取り上げられるのは、絵画に残っているからかもしれませんね。

『秀次公縁起』は、大正のはじめ頃に寺宝を展示したときにはじめて一般公開されたのですが、その後からこの縁起に影響を受けたと

思われる小説や絵画（谷崎潤一郎の小説『聞書抄』、甲斐庄楠音《かいのしょうただおと》の絵画「畜生塚」など）があらわれて、一気に一般の人々に広まりました。

事件当時の三条河原

上田秋成が三十代の頃に出た『新説百物語』（1767刊）という怪談集の中に、京都でのっぺらぼうが出たという話が出てきます。その舞台もまた鴨川の河原近辺なんですね。ラフカディオ・ハーンで有名になったのっぺらぼうですが、その約百三十年前に鴨川の河原に出たといわれていたんですよね。

三条河原は、かつて処刑所として使われていたといわれていますが、秀次公のような公開処刑が行われたのは、石川五右衛門《いしかわごえもん》の釜ゆでぐらいですよね。よそで処刑された首を三条河原にさらしたというのはほかにもありますが。三条大橋は東街道五十三次の起点で賑わっていたとも思いますし、観光客やカップルで賑わう現在ほどではないにせよ、そこまで陰惨な場所ではなかったのではないかなと思います。

そうですね。中世までの河原と、江戸時代以降の河原、そして現在の河原は雰囲気が違うと思います。

秀次公の「障り」

江戸時代の瑞泉寺に関する文書はあまり残っておらず、密かにこの寺を守ってきたのですが、戦前に中国に侵攻するにあたり、朝鮮出兵をした秀吉が復権したことがありました。その時代の大阪の財界人によって、地蔵堂と墓所のまわりにある側室の墓石が寄進されました。処刑された側室たちをかたどった京人形を二体ずつ作り、一体を地蔵堂に安置して、もう一体を供養塔の下に埋めたそうです。

なぜそうしたことが行われたのでしょう。

中国に侵攻するにあたって、瑞泉寺に「障《さわ》り」があるという考え方があったみたいですね。秀次公事件は、「淀君に実子が生まれてしまって養子である秀次公が疎まれた」とい

地蔵堂の前で説明される中川ご住職

うのが分かりやすい解釈です。しかし、当時秀次が朝鮮出兵に賛成する一派と、反対する一派との間で板ばさみになってしまうというような状況もあったのかもしれません。国策と深い関係がなければ、こんなに惨い公開処刑をした理由が分かりませんから。

「障る」という考え方は興味深いですね。京都の御霊信仰もそうですが、上田秋成も「障る」という概念に興味を持っていたのではないかと思います。そのため、『雨月物語』に秀次を登場させたのかもしれません。しかし、戦前にもそういう考え方があったのは面白いですね。

秀次公の悲劇を語り継ぐために

瑞泉寺様は現在、怪談朗読会や能楽師の方を呼んでのイベントなどを行っていらっしゃいますね。

秀次公は、芸能や文学・学術に関心の高い教養人だったそうなので、奉納するような気持ちでイベントを行っています。たまたま三条という繁華街に位置していて皆さんにも来ていただきやすいですしね。忘れ去られつつあったお寺ですから、今後の発信の中で存在感を出せればなと思います。

京都神田明神

—京都の将門伝説—

四条通から綾小路へと抜ける、細い路地に入ってきました。今回は、瑞泉寺からひき続き「首」をテーマにめぐってみようと思います。この小路は「膏薬図子《こうやくのずし》」と呼ばれます。京都の地誌・『拾遺都名所図会』（1787刊）によると、この地に平将門の首がさらされたといいます。

平将門って、平安時代、朝廷に反乱を起こした関東の武将ですよね。

平将門は、一族の私闘を繰り返しているうちに国司と対立し、朝敵とされました。関東一円を制圧して関東独立を図り、民衆にも支持を得ましたが、最終的に現在の茨城県で朝廷

膏薬図子内にある京都・神田明神。以前は民家の軒下に埋め込まれるように祀られていた

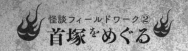

側の武士に討ち取られます。そして首だけが京都に運ばれ、さらされました。

東京にも平将門の首塚（千代田区大手町）がありますよね。

そうですね。「京都でさらされた首が、胴体を求めて関東へ飛んで帰り、途中で力尽きて落ちた」という伝説が残る場所が数箇所あり、そこに首塚が立てられています。関東では、現在に至るまで「平将門の首塚を粗末に扱うと、大変な災いがある」と恐れられていて、大切にされています。平将門は関東で最も有名な怨霊といえるでしょう。

京都ではあまり平将門伝説を耳にしませんが。

そうですね。ここ膏薬図子も、将門と同じ時代を生きた僧・空也《くうや》が将門の亡霊を供養するためにここにお堂を建てたことから、「空也供養の道場」と呼ばれるようになり、くうやくよう、こうやく、膏薬…となまったことが名前の由来といわれています。念仏聖の空也上人は、中世から亡霊・怨霊供養の伝説が多く残っていますから、これもそのひとつと捉えられます。そうすると、物語の主人公は将門というより空也になってしまっている感がありますね。
また、東京では絶対首塚を動かしてはいけないといわれていますが、ここ京都の神田明神は実は現代の建設事情から移動されています。東京と京都の将門伝説を比較すると、その温度差が面白いですね。

なぜこのような違いがあるのでしょうか。

将門は、関東からみれば朝廷に対して反旗を翻したヒーローですから、昔から英雄視されてきました。朝廷のあった京都では、時代が下って歌舞伎や浄瑠璃で将門が知られるようになってから将門伝説と土地が結び付けられるようになったので、将門信仰自体が比較的新しいんですね。そうしたことも理由のひとつかもしれません。

長宗我部盛親
首洗池跡《くびあらいいけあと》
—今は華やぐ南座の裏で—

南座の裏手、南側までやって来ました。

京都の郷土史研究家・竹村俊則《としのり》が著した『昭和京都名所図会5　洛中』（1984刊）によると、このあたりで長宗我部盛親が処刑されたといいます。その首を「この地に埋め、墓石を立てたとつたえ、傍らの池を首洗池と称した」とあります。池はその後埋没してしまい、今は民家の庭園の一部となっているとありますが、今は残っているものがなく、知るよしもありません。

長宗我部盛親って、どんな人物ですか。

戦国時代の大名で、関ヶ原の戦いで西軍に属して戦後所領を没収されました。その後、大坂の陣で豊臣方につくも敗れて処刑されます。さきほどの瑞泉寺もそうですが、鴨川の河原地、三条から四条の一帯がかつては処刑地だったんですね。

いつも人で溢れているエリアにそんなお話が残っていたなんて驚きです。

このあたりは阿国《おくに》歌舞伎発祥の地といわれ、四条大橋のたもとに阿国の像も立てられています。歌舞伎の元となる芸能が、こうした処刑地と近接した場所から生まれたという事実も興味深いですね。

光秀首塚
—光秀は僧侶の生まれかわり？—

さて、最後は明智光秀の首塚です。

こんな限られたエリアの中で、次々と首が出てきますね……。話題とは裏腹に、白川のせせらぎが心地良い場所です。

光秀の首が辿った運命には、諸説あります。『昭和京都名所図会』には、以下のように伝えられています。本能寺の変を受け、備中高松城から引き返してきた秀吉は、山崎（現在の京都府乙訓郡大山崎町付近）の戦いで明智光秀と激突します。光秀は坂本城という、現在の滋賀県大津市にあったみずからの城を目指して敗走したのですが、伏見区小栗栖あたりで農民の襲撃を受けて最期を迎えます。この際、首は粟田口の刑場にさらされたのち、付近の人家の裏に埋められました。

光秀首塚。中に木像と位牌が納められている

今回は、河原ではなく粟田口なんですね。

粟田口は東海道の山科から京都への入り口にあたります。現在でいうと、三条白川橋から蹴上までの間ですね。中・近世に洛中と洛外を結んだ街道の出入り口である「京の七口」のうちのひとつに数えられますが、特に粟田口は交通量が多い要所でした。現在では考えられない発想かもしれませんが、治安維持の見せしめのため、ここに罪人の首をさらす刑場がつくられたのですね。その後、光秀の家臣が首を自宅に移し、この地に埋め、菩提を弔ったといいます。現在は祠が立てられ、木像と位牌が納められています。さて、ここまでは歴史上の話ですが、光秀についてはほかにも不思議な話が残っているんですよ。

どんな話でしょうか。

江戸時代の小説『御伽人形《おとぎにんぎょう》』（1705刊）にあるお話です。ある比叡山の修行僧が、いじめにあって比叡山を追放され、「いつか比叡山を燃やしてやる」といいながら死んでいった。この僧の名前は、「明智坊《みょうちぼう》」といいます。

光秀の明智と同じ漢字ですね。

つまり、光秀は、この比叡山を恨みながら死んでいった修行僧・明智坊の生まれかわりである。それが、光秀が比叡山を焼き討ちにした理由だ、というのです（詳しくは68頁参照）。

なぜそうした話が生まれたのでしょう。

光秀は、実は仏教を篤く信仰していたといわれており、教養人としても知られていました。人々の中で、そうした人物像と、比叡山を焼き討ちにするという暴挙が結びつかなかったのでしょう。その理由づけのために、こうした話が出来てきたのだと考えられます。

ちなみに、主君殺しの謀反人となって戦いに敗れ、農民の槍に倒れた光秀像を世にひろめたのは、近松門左衛門作の浄瑠璃『本朝三国志』（1719初演）あたりからです。十八世紀以後の光秀伝説には、謀反人の末路を描く芝居の光秀像と、比叡山に祟る「明智坊」怨霊の二つの流れが、表裏の関係で民間に流伝していたわけです。

今回は「首」をテーマに歩きました。いつもよく来るこのエリアに、これだけ首にまつわるスポットがあったとは知りませんでした。

特に三条河原〜四条河原は、さきほども述べた通り、歌舞伎という芸能の原型が生まれた場所でもあります。歌舞伎は、現在では南座に足を運んで鑑賞する立派な伝統芸能ですが、発祥の頃はもっと自由奔放で、風紀を乱す反道徳的な一面もあったでしょう。さらに、このあたりは氾濫地でしばしば大洪水が起こっていましたし、現在のように川と岸もきちんと整備されていませんから、川と陸地の境目が曖昧な、一種の無法地帯のような感じでした。光秀の首塚についても、京都と外界を結ぶ境界の地（粟田口）という場所が関係しています。そこから当時の人々の土地に対するイメージを知ることができるのです。現在も残る首塚を巡っていくと、こうした当時の風土や土地感覚が感じられるのではないでしょうか。

※注

❖豊臣秀次　1568〜95。秀吉の甥。1591年の秀吉の長男の死後、請われて養子となり、関白となった。秀吉の実子秀頼が生まれると不和となり、秀吉の命により高野山に追放され、切腹した。

❖上田秋成　1734〜1809。江戸後期の国学者、浮世草子・読本の作者。はじめ俳諧で活躍、その後国学研究に精進。和歌にも才能を発揮した。代表作『雨月物語』は和漢の史伝・説話に出典を取る怪異物語。高野山を訪れた親子が秀次の幽霊に出くわしたという「仏法僧」を収める。この話の最後に、主人公があくる日三条の橋を通りすぎたとき、秀次の塚のことを思い出し、「白昼ながら物凄《すさま》じくありける」と人に語ったという記述がある。

❖崇徳院　鳥羽天皇の第一皇子。鳥羽法皇の死後、後白河天皇と争い、保元の乱に敗れて讃岐に流された（詳しくは114頁参照）。『雨月物語』の「白峯」という話では、諸国を巡る西行が崇徳院の怨霊と出会う。

❖ラフカディオ・ハーン　1850〜1904。英文学者・作家。1890年に来日、96年日本に帰化して「小泉八雲」と名を改めた。代表書『怪談』の「むじな」という話の中にのっぺらぼうが登場する。

❖石川五右衛門　?〜1594。盗賊の首長で、秀吉に捕らえられ、京都三条河原で一子とともに処刑されたと伝えられる。浄瑠璃や歌舞伎に取り上げられ有名になった。

❖京都の御霊信仰　無実の罪で非業の死を遂げた者の霊が祟ると考えた信仰。早良親王の怨霊を鎮めるために794年に京都御霊社が創祀されたのがその最初といわれる。

❖『拾遺都名所図会』　先行して刊行された京都の地誌『都名所図会』（1780刊）が好評だったため、1787年秋に続編として刊行された。美しい挿絵とともに京都の名所が紹介されている。

❖平将門　?〜940。父の遺領を継ぎ下総（現在の千葉県・茨城県の一部）に勢力をふるった。同族内の領地争いから伯父の国香《くにか》を殺害。国香の息子貞盛《さだもり》は朝廷から地方へ派遣されていた国司と手を組んで将門に挑むが、返り討ちにあう。朝廷は、国司への反逆者として将門征伐を命じた。対して将門は関東地方を制圧し、みずからを「新皇」と称して独立を宣言した（平将門の乱）。その後貞盛らに討たれるも、国司による悪政に立ち向かった英雄として語り継がれている。

❖阿国歌舞伎　一説に出雲大社の巫女であったといわれる阿国という女性芸能者が、江戸時代初期に京都ではじめた一種の舞踊。念仏踊りと、滑稽寸劇をまじえた歌舞伎踊りで、異常なほどの人気を博した。のちの歌舞伎芝居の始祖とされる。

怪談フィールドワーク②

首塚をめぐる

今回歩いたルート

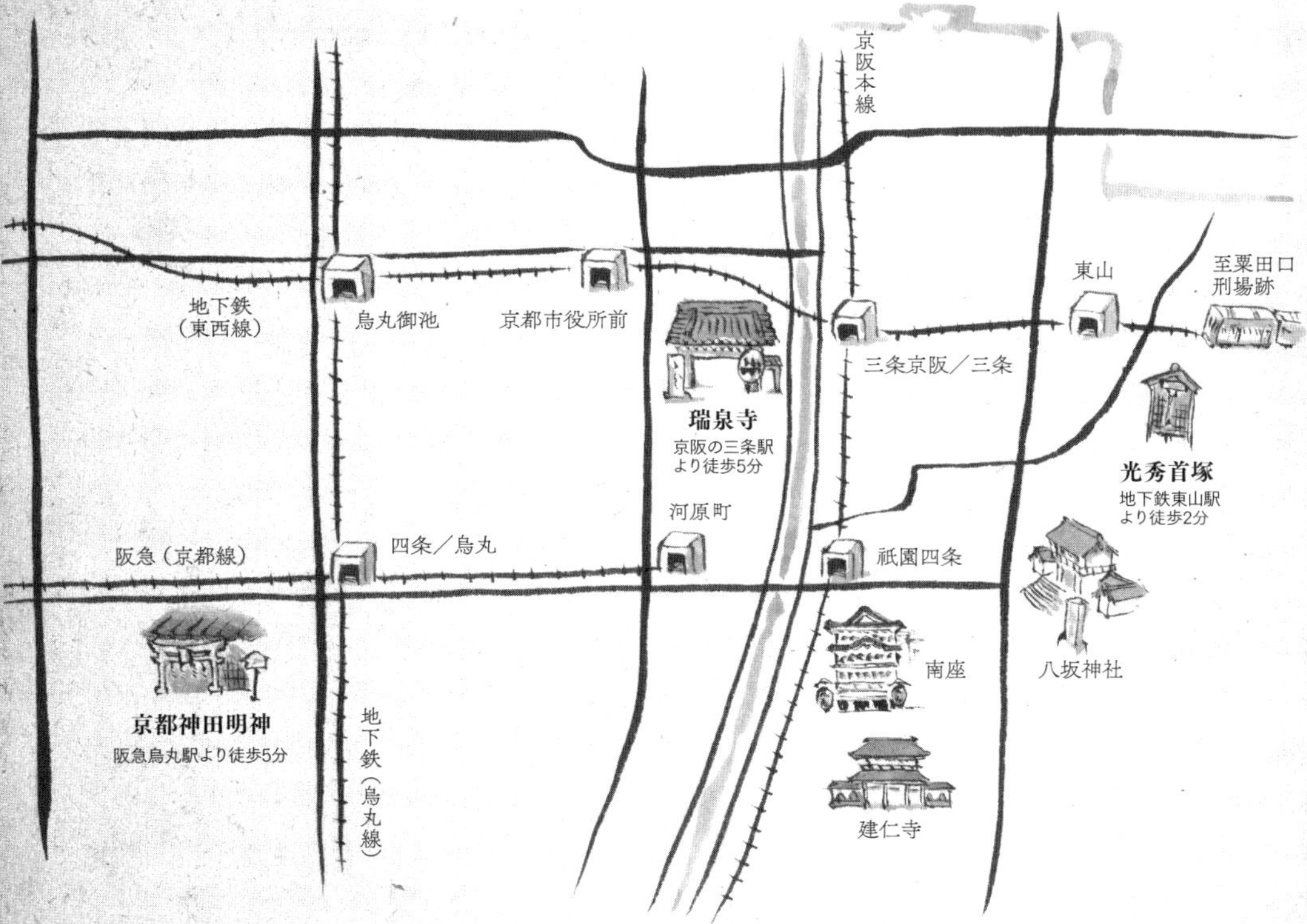

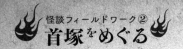

頼光橋の鬼

頼光橋

鬼同丸伝説

京都でいちばん闇《くら》い場所はどこでしょうか。江戸時代末の庶民であれば、おそらく「市原野」の名をあげたことでしょう。

左京区の岩倉幡枝《はたえだ》町から二軒茶屋を経て叡電市原駅に至る市原野は、東西に細長くひらけた小盆地です。このあたりが暗闇のイメージと結び付いて語られるようになった事情を解明するためには、「鬼同丸（鬼童丸とも）伝説」に触れておかなければならないでしょう。

鞍馬街道と木野街道の分岐点の丁字路に掛かる橋を「頼光橋」と呼びならわします。この名前の由来となった源頼光《よりみつ》（「らいこう」とも、948?～1021）の武勇伝が中世説話集の『古今著聞集』巻九「源頼光鬼同丸を誅する事」に載っています。

あるとき、頼光が弟の頼信の屋敷に行くと、盗賊の鬼同丸が捕らえられていました。厳重に縛《いまし》めておくように言い付けますが、その夜、鬼同丸は縄を切って逃げ、天井裏に忍び込んで頼光の命を狙います。気配を察して臣下の渡辺綱《つな》を呼び寄せ、「明日鞍馬詣でをいたそう」と聞こえよがしに相談をしました。もちろんそれは頼光の策略でしたが、そうとは知らない鬼同丸は、市原野の草むらに隠れて待ち伏せをすることになります。

『今昔百鬼拾遺』（国立国会図書館蔵）「鬼童」挿絵
源頼光が出会った鬼の妖怪。
「鬼童丸は雪の中に牛の皮をかぶりて、
頼光を市原野にうかゞふと云」

翌日、一行が市原野にさしかかると、妖しい牛の死体が転がっていました。綱の放つ矢が当たるやいなや、牛の腹から大童が躍り出て切ってかかります。頼光たちを欺こうとした鬼同丸でしたが、結局首を刎ねられ誅罰されてしまう、という伝説です。

竹村俊則《たけむらとしのり》の『昭和京都名所図会3　洛北』（1982刊）によれば、この話にちなんで長《ちょう》代《だい》川に架かる橋を「頼光橋」と名付けたといいます。さらに市原野西方の向山のあたりに、鬼同丸が酒宴を催した「躍り岩」「太鼓岩」があると伝承されていたそうです。頼光の盗賊退治は、大江山の鬼伝説とも混ざり合いながら、市原の古老の間に語り伝えられていたのです。

芝居の世界

鬼同丸伝説は江戸中期の妖怪絵本『今昔百鬼拾遺』（鳥山石燕《とりやませきえん》、1780刊）に絵画化されて民間に流布しました（上図）。しかし、これだけでは「市原野の闇」を説明しつくすことはできません。闇のイメージの発生源は、むしろ芝居小屋にあったのです。

歌舞伎の舞台では、鬼同丸は頼光に戦いを挑んで退治される悪役として「四天王もの」と呼ばれる演目に脚色され、知名度を上げていきました。文政五年（1822）、江戸の市村座で上演された

『御贔屓竹馬友達《ごひいきつわもののまじわり》』では、「鬼童丸実は袴垂保輔《はかまだれやすすけ》」を七代目市川団十郎が演じています。鬼同丸が実は伝説上の盗賊・袴垂保輔であったとする演出に観客の関心が集まり、団十郎の人気もあいまってヒット作となりました。

時代が下って文久三年（1863）の『当稲俄姿画《わせおくてにわかのすがたえ》』（三世桜田治助作詞）以後は、頼光をつけ狙う袴垂に牛の皮を被った鬼同丸（または和泉式部）が加勢して入り乱れるなどのさらに凝った趣向が加わります。こうした複雑な筋立ては、芝居好きの町人たちの心を虜にしたに違いありません。この演目は物語の舞台にちなんで『市原野』の通称で知られています。

市原野のだんまり

『市原野』が複数の悪人と英雄を舞台上にあげて戦わせる趣向に走ったのは、実は当時流行していた特殊演出「だんまり」を組み込むためでした。「だんまり」とは、「真の闇夜」という設定のもと、大人数の登場人物がセリフを発せず黙って相手を探り合うパントマイム劇で、「黙《だま》り」を語源としたものです。ここまで来たら市原野の「闇」の正体が見えてきたのではないでしょうか。

「だんまり」の舞台について、もう少し詳しくみてみましょう。場面は人里離れた深山や野道。時刻は一寸先もみえない真夜中、どこからともなくやって来た大盗賊や廻国僧、姫君に腰元、猟人に老婆といった脈絡のない人物たち。それらがゆっくりと手探りで、あるいは気配によって近くの人の息づかいを察知し、スローモーションのような大げさな動きで互いにあい争う――。究極の様式美を楽しむ演出といって良いでしょう。

江戸の歌舞伎において、観客の目を驚かせる一人二役（三役）の早替わりや、役者が宙を舞う宙のりなどの演出方法が考案されました。見た目の奇抜さを狙ったこのような演出を「けれん」（外連）といいます。「だんまり」もまた「けれん」の一種であり、合理性より場面本位の趣向を重んじた歌舞伎らしい表現といえるでしょう。

頼光と鬼同丸をめぐる伝説の場合も、「市原野のだんまり」に脚色され、芝居の舞台を通して江戸から明治の巷に広く知られるようになったわけです。当代一流の役者たちによる名演技は、「市原野の闇」を民衆の間に強く印象づけていきました。

「市原野のだんまり」は、近代以降も京阪の芝居小屋で上演され人気を得ています。たとえば京都南座の落成《らくせい》に合わせた明治三十九年（1906）十二月の『市原野』上演の折は、観客が「午前九時前より続々と詰掛け、午後一時頃には大入満員の盛況」となったことが『京都日出新聞』十二月五日の記事にみえます（『近代歌舞伎年表・京都篇第四巻』八木書店）。ちなみにこの時の鬼同丸役は中村福助（二世、のちの梅玉）でした。

さて、頼光の鬼同丸退治が歌舞伎『市原野』で脚色され、闇夜のだんまりへとイメージを変化させるにしたがって、鞍馬街道の頼光橋を「だんまり」の聖地とみなす共通理解が世俗に定着します。そこは都の北のはずれに位置する境界の地でもありました。

橋の北西側のたもとに現存する「頼光橋」の道しるべが大正十二年（1923）に立てられた背景には、芝居の流行をきっかけに一般化した、あやめも知れない深い闇の心象が影響していたのかもしれません。

江戸の芸能文化は人為的な闇を洛北の里にもたらしたのでした。かくして市原野は京都でいちばん暗い異世界の入り口となったのです。

雀になった貴公子

更雀寺《きょうじゃくじ》

転生奇談

小泉八雲の「蝿《はえ》の話」は、信心深い娘が一匹の蝿に生まれかわる奇談です。

二百年ほど昔、京都の商人・飾屋九兵衛の店に「たま」という名の奉公人がいました。毎日よく働くので、主人は褒美に「正月の着物でも買いなさい」とお金を与えました。ところが、年が明けても相変わらず古い仕事着のままです。不審に思って尋ねた主人に、たまは幼い頃に死んだ両親の法事を行うため百文の金を貯めていることを打ち明けます。

親孝行でけなげな娘は皆に愛されていましたが、翌年の正月、突然の病いでこの世を去ってしまいました。十日ばかり過ぎた頃、冬だというのに一匹の蝿がどこからともなくあらわれ、家の中を飛び回っています。実は蝿はたまの生まれかわりであり、主人に自分を弔ってもらいたくて現世に舞い戻ってきたのでした。そのことに気付いた九兵衛たちの目の前で、蝿は畳の上に落ちて動かなくなりました。九兵衛夫婦は蝿の死骸を寺の境内に埋め、ねんごろに弔ったのでした。

この「蝿の話」は、庶民の間に流布した生まれかわりの民間信仰をふまえた奇談であり、亡き者の未練が動物に再生するといったものでした。一方、こうした話の源流を古代・中世の説話の世界に求めると、平安貴族にまつわる古い転生伝説が浮かびあがります。

市原野の鞍馬街道に面した浄土宗・更雀寺は、俗に「雀寺」と呼ばれています。寺名の由来は、平安三十六歌仙の一人・藤原実方《さねかた》（?～998）を祀った雀塚によるものです。

あるとき、寺の住職・観智法印の夢に一羽の雀があらわれ、「自分は一条帝の臣・左近中将藤原実方である。奥州に左遷された後、陸奥国名取郡笠島（現宮城県）の道祖神《どうそじん》（悪霊や疫病の侵入を防ぐために道端に祀られる神）の前を馬に乗ったまま通り過ぎたため、神罰をこうむり落馬して命を失ったのじゃ。都に帰りたいと思う一念が雀となり再び来《き》った。どうか我が妄執を弔い供養して欲しい」と懇願するのでした。そういえば、しばらく前から寺の裏の森に雀の鳴く声がしていた。住職はそのことに気付き、雀塚を建立して実方の霊を慰めたといいます。

かつて寺は中京区四条大宮西入ルにありましたが、昭和五十二年（1977）に郊外の現在地に移っています。本堂の前庭にみえる五輪石塔が、旧地より移転した雀塚です。

実方の執念

実方が雀になってまで帰京を諦めなかったのは何故でしょうか。執着の原因は奥州左遷のいきさつにあるとみなされていたようです。

鎌倉時代初期の説話集『古事談』によれば、宮中で藤原行成《ゆきなり》と口論になった実方は、怒りをおさえきれずに、行成の冠を取って庭に投げ捨てる暴挙に出ます。事件の後、一条帝は、相手の無礼な振る舞いに冷静さを失わなかった行成の態度を大いに褒め称えました。一方、短慮の実方に対しては、「歌枕みて参れ」と命じ、陸奥守に任じて都から遠ざけたのでした。もはや貴族としての将来は永遠に失われたといってよいでしょう。あれほど都に帰りたいと願った実方伝説の背景には、高位高官にこだわる平安貴族のプライドと、栄達の道を閉ざされた男の執念が潜んでいます。

東国をさすらう貴公子という点では、在原業平《ありわらのなりひら》の伝承などを思い浮かべることができるでしょう。しかし実方の場合は、「追放された無念と帰京の執念」という点で、業平の東下りと趣を異にしています。

『古事談』巻二には、「実方中将、蔵人頭に補《ぶ》せざるを怨みて、雀に成りて殿上の小台盤に居す」（台盤は食台のこと）とあり、蔵人頭《くろうどのとう》の地位にこだわる執着心ゆえに雀に生まれかわったという解釈がなされています。朝餉《あさげ》の並ぶ台盤《だいばん》にとまり、こぼれた米をついばむ可愛いらしい雀が、実は都を追われ立身出世の夢を奪われた、実方の執念の化身だったとは驚きです。雀は、怨恨の凝り固まった妖鳥にほかなりません。同じような転生奇談でありながら、読者の涙をさそう「蝿の話」の孝行娘とは異質な、執念の物語をそこに見出すことができるのではないでしょうか。

『今昔画図続百鬼』（国立国会図書館蔵）「入内雀」
「藤原実方奥州に左遷せられその一念雀と化して大内に入り台盤所の飯を啄しとかや是を入内雀と云」

遺恨のはてに

生前の怨みや未練の気持ちが成仏の障りに

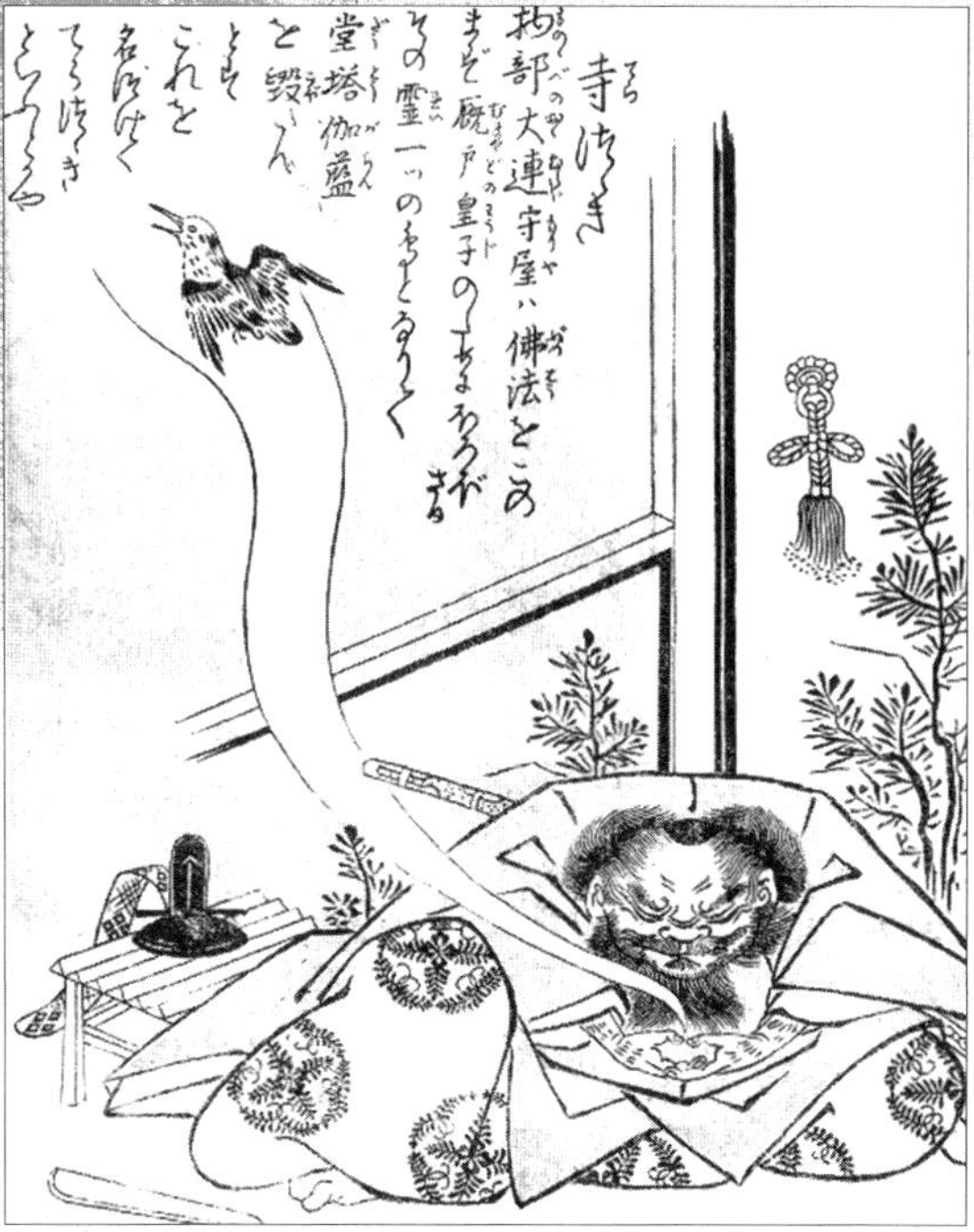

『今昔画図続百鬼』（国立国会図書館蔵）「寺つつき」
「物部大連守屋は仏法をこのまず、厩戸皇子のためにほろぼさるその霊一つの鳥となりて、堂塔伽藍を毀たんとすこれを名づけて、てらつゝきといふとかや」

なって動物に生まれかわる。そのような説話の系譜は、江戸中期に至ると歴史上の人物の転生を語る怪異談となって人々の間に流布しました。

たとえば鳥山石燕《とりやませきえん》の妖怪絵本『今昔画《こんじゃくが》図続百鬼《ずぞくひゃっき》』をみると、実方を主人公とする「入内雀《にゅうないすずめ》」の図像が、物部守屋《もののべのもりや》（?〜587）の化身である「寺つつき」の怪異と対になって並べ置かれています（上図）。時は聖徳太子の時代、仏教の伝来に際して、排仏派の中心となって太子や蘇我一族と戦い、敗れて憤死した守屋は、寺堂の柱をつつき壊す啄木鳥《きつつき》となり僧院に祟りをなしたといいます。「鉄鼠《てっそ》」（71頁参照）の妖異なども同様の動物奇談といえます。僧坊に仇をなす害獣を、歴史に名を残す敗者の恨みの再生とみなす考え方は、京都に古くから伝承されてきた御霊信仰と無縁ではないでしょう。

比叡山焼き討ちの真相

延暦寺と月読《つきよみ》神社

生まれかわる怨念

「歴史上の人物が、実は別の人間の生まれかわりだった」と説く伝承があります。武田信玄《たけだしんげん》（1521～73）を曽我五郎《そがごろう》（時致《ときむね》）の再生とするたぐいの奇談がこれにあたり、曽我一族や武田家の関係寺院の縁起に取り込まれたばかりか、『宿直草《とのいぐさ》』（1677刊）などの江戸怪談に潤色されて巷間に伝わっています。

それらの中には、生まれかわりの原因を「前世の怨みによるもの」とする話があります。次に紹介する怪談は、戦国末の織田信長時代に起きた比叡山焼き討ちの隠された事実として、江戸中期の京の人々に知られていました。出典は宝永二年（1705）刊の奇談浮世草子『御伽人形《おとぎにんぎょう》』巻四の三「過去を引く現世のわざわひ」という話です。

西国大名の家来某の息子が出家して比叡山延暦寺の修行僧となり、ひたすら学問に励む日々を過ごしていました。ある晩、山伏姿の天狗が寺にあらわれ、僧に向かってこう告げます。「お前の先祖は我が山を滅ぼした憎き明智日向守光秀なるぞ。かかる血筋の者を山に置くわけにはいかぬ！」。言うが早いか若者の体を引下げ、下坂本《しもさかもと》（滋賀県大津市）のあたりに投げ捨てました。翌日、延暦寺の衆徒が探し回り、山王権現《さんのうごんげん》（日吉大社）の鳥居のもとに呆然として佇んでいる修行僧を見つけました。山の神の祟りを恐れた衆徒は、すぐに僧を追放したのでした。

「随分昔の遺恨なのに、いまだ天狗の怒りがおさまらぬのは、いかなる事情によるのでしょうか」と、一人の僧が首をかしげます。横で物知りの僧が答えていいました。「さればよ、昔この山に明智坊という修行僧がおったのだが、寺法に背いて山を追われたことを恨み、みずから命を絶ったのじゃ。明智坊は死に臨んで弟子に遺言し、おのれの遺体を比叡山のみえる方角に向けて葬らせた。かの一念が通じたのであろうか。そののち亡魂は明智光秀に生まれかわり、信長様の命を受けて延暦寺を焼き払ったのじゃよ。かような因縁ゆえに、山の天狗は血縁の者を追い払ったのであろう」。

明智坊の遺恨と比叡山焼亡の因縁に、山門の僧たちは震え上がったのでした。

明智坊伝説

『御伽人形』の転生奇談は文芸虚構のようでいて、どこか歴史上の事件とからみあうリアリティに彩られています。天狗の話を除いた後段の明智坊伝説は、近世の京都でよく知られた口碑《こうひ》だったようです。

たとえば洛中洛外の地誌をつづる『雍州府志《ようしゅうふし》』（1686刊）の中に、松尾（西京区）の北の山腹に築かれた「明智坊ノ塔」の由来が載っています。そこは延暦寺を追われた明智坊がしばらく草庵を構えたところでした。延暦寺に対する憤激はおさまることなく、自分の姿を象《かたど》った石像をこしらえ、死後に比叡山のみえる方向に置かせたというのです。明智坊の「必ずや滅ぼすべし」との怨嗟《えんさ》が天に通じたのでしょうか。しばらくして明智光秀の軍勢のために延暦寺は灰燼に帰したのです。人々は、「光秀こそ明智坊の生まれかわりであったのか」と囁きあったのでした。同じ内容の口碑は『山州名跡志』（1711刊の地誌）や『扶桑怪談弁述鈔《ふそうかいだんべんじゅつしょう》』（1742刊の仏教書）などの諸書に引かれていて、当時の町衆の間に広まり、取り沙汰された歴史秘話だったことが分かります。

『山州名跡志』によれば、明智坊像を建立した場所は、延暦寺から西へ20kmあまり離れた月読神社（京都市西京区松室山添町）の左側の川岸にあったといいます。現在は住宅が建て込み所在を確かめる術がありません。しかし、月読神社の境内に立つと遙か東に比叡山が遠望され、恨みに満ちた明智坊のまなざしを追体験することができます。

比叡山に祟るもののけ

地下鉄東山駅を南に下がった白川沿いに、光秀の首塚が現存しています（詳しくは55頁参照）。こちらは歴史の事実に比較的近いモニュメントといえるでしょう。

これに対して明智坊像の伝承は、伝統的な転生奇談の変奏と考えられます。比叡山焼き討ちの凄惨な出来事を、追放された僧の恨みに重ね合わせる語り口は、「生まれかわる怨霊」の恐ろしさをつづる怪談文芸の流れと無縁ではないのです。

比叡山に祟る怨霊・妖魔のたぐいとしては、このほか三井寺の僧・頼豪《らいごう》（1002〜84）の話が思い起こされます。山門（延暦寺）と寺門（三井寺）が激しく対立していた平安中期のことです。延暦寺の横やりにより、念願の戒壇建立を反古《ほご》にされた頼豪は、怒りのあまり食を絶って干死《ひじに》（餓死）をします。その怨念が鼠に転生し、延暦寺の経蔵に納められた貴重な経典を喰い破るようになったのです（延慶本『平家物語』・『源平盛衰記』など）。妖怪に変化した頼豪の伝説は、江戸時代中期の鳥山石燕《せきえん》『画図百鬼夜行』に図像化されたほか（左図）、滝沢馬琴《たきざわばきん》の読本『頼豪阿闍梨恠鼠伝《らいごうあじゃりかいそでん》』の素材となっています。

なお現在、滋賀県大津市坂本の日吉大社に鎮座する「鼠秃倉《ねずみのほこら》」（別名「ねずみの宮」）は、南北朝時代（1336～92）の頃から頼豪ゆかりの祠とされ、のちにネズミ除けのご利益があったといいます。別説に、比叡山高僧の法力によって出現した大猫が頼豪鼠を食い殺して退治した話もあり、怨霊の転生伝説をネズミ駆除の由来に結び付けて語る民間伝承のあり方がうかがえます。

強権と武威をほしいままにして平安京に君臨した延暦寺の歴史と、山門に災いをもたらす妖怪変化の蠢動《しゅんどう》。そのような怪談語りの伝統は、やがて信長の焼き討ちを誘発した明智坊の怨魂の物語に展開していきます。洛中洛外のすみずみを睥《へい》睨《げい》する都の富士・比叡山。この山もまた京都怪談の発生に深いかかわりを持っていたのです。

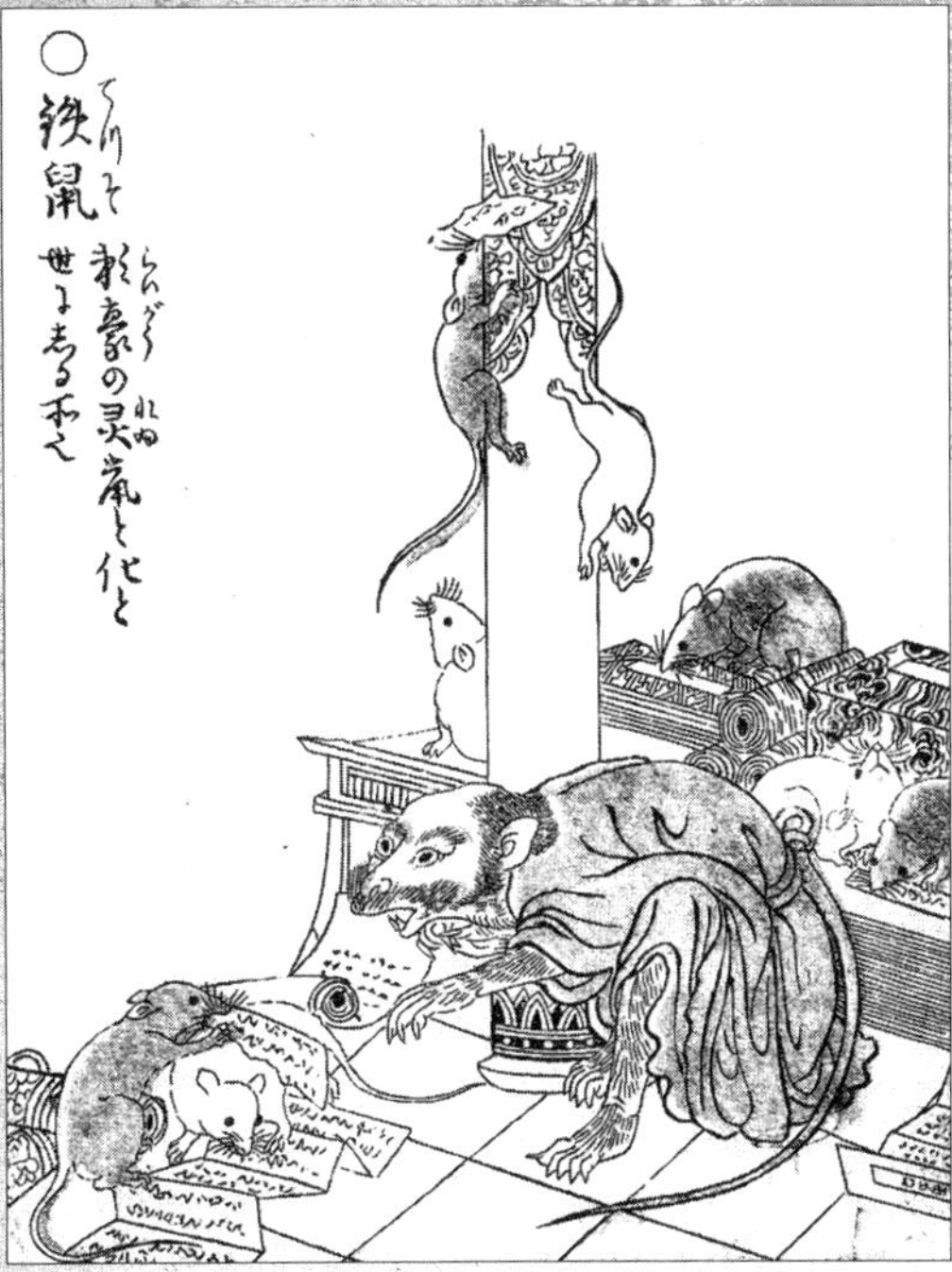

『画図百鬼夜行』（国立国会図書館蔵）「鉄鼠」挿絵
「頼豪の霊鼠と化（かす）と世にしる所也」

生きたまま油で煮られた石川五右衛門

釜が淵

十二月十二日の逆《さか》さ札

京都の習俗のひとつに、泥棒除けの「逆さ札」というものがあります。十二月十二日の十二時に、十二歳の子供に「十二月十二日」と紙札に書かせ、これを逆さまにして玄関の戸に貼っておくのです。子供の文字でできるだけ下手に書いた方が盗賊封じの効果を倍増させるとか、あるいは十二月十二日生まれの女性の筆がよいといった具合に、さまざまな言い伝えが今も京の町に残っています。「文字を逆さまにする」という行為自体は、民俗社会に散在する呪的俗信の一種にほかなりません。たとえば、古い農村習俗の中では虫除けのまじないに呪符を逆さにして貼るならわしが報告されています。

ただ、「十二月十二日」の逆さ札の場合は、やや異なる事情がうかがえます。なぜならこれを盗難除けに用いる理由に、「十二月十二日」が大盗賊・石川五右衛門《いしかわごえもん》（？〜１５９４）の命日であるとする由来伝承をともなうからです。まさに歴史と伝説と習俗の三者が混ざり合う、京都らしい民間信仰と考えてよいでしょう。五右衛門の最期とは、どのようなものだったのでしょうか。

釜ゆでの極刑と釜が淵

安土桃山時代に洛中を騒がせた五右衛門について書かれた資料は、いずれも世にも恐ろしい処刑のありさまに触れています。豊臣秀吉の治世下で貿易商として京都に滞在したベルナルディーノ・デ・アビラ・ヒロンの『日本王国記』の中に、捕らえられた十五人の盗賊が三条河原で生きたまま油で煮られた記録がみえます。

イエズス会宣教師のペドロ・モレホンは、『日本王国記』のこの事件を記した箇所に注釈を加え、処刑の執行は1594年の夏で、刑死者の名は〝Ixicava goyemon〟とその家族であったとしています。また、日本側の資料では、公家日記『言経卿記《ときつねきょうき》』の文禄三年（1594）八月二十四日の記述に、三条河原の釜ゆでに関する言及があります。五右衛門の出自は諸説ありよく分からない部分も少なくありませんが、十六世紀末の京都で盗賊一味の処刑が行われ、しかもそれが釜ゆでの極刑であった事実は間違いないと考えてよいでしょう。ちなみに五右衛門を葬ったとされる墓と位牌が東山区祇園町南側の大雲院《だいうんいん》に現存しています。

一方、江戸時代となり、五右衛門を煮た大釜の行方が取り沙汰されるようになります。十七世紀末の名所記『雍州府志《ようしゅうふし》』（1686刊）によれば、東福寺の門前を流れる鴨川の一画に「釜カ淵」なる場所があり、そのいわれとして、天正年間（1573〜92）「藤の杜《もり》の南」に住んでいた「石川五右衛門」が、秀吉の命を受けた京都所司代の前田玄以《まえだげんい》に捕らえられ、三条大橋の南において大釜の刑にあった一件を紹介しています。釜はしばらく三条河原に置かれていましたが、洪水のために流され東福寺前の水底に沈んだといいます。

釜が淵は、現在の地名でいうと南区東九条東松ノ木町のあたりです。十条通が鴨川と接する陶化橋《とうかばし》の北側に、流れが蛇行する一画があります。川筋が曲がりくねる地形のため、そこはさまざまなものが漂着しやすい淵瀬でもありました。橋の上から望むと、水底の大釜を想像することができるかもしれません。

『本朝二十不孝』（国立国会図書館蔵）
「我と身を焦す釜が渕」挿絵

大衆文芸の中の五右衛門

五右衛門の存在は、歴史記録とは別に近世以降の芝居や小説、浮世絵などの創作の中で悪のヒーローとして造形化されていきました。十七世紀の人形浄瑠璃では、早くも『石川五右衛門』なる作品が上演されています。その後、『釜淵双級巴《かまがふちふたつどもえ》』（1737初演）、『楼《さん》門五三桐《もんごさんのきり》』（1778初演）などの演目に脚色され、「五右衛門物」の浄瑠璃や歌舞伎は誰もが知る名作になっていきました。特に、『楼門五三桐』の「南禅寺山門の場」で、山門にのぼり煙管《キセル》を片手に「絶景かな、絶景かな」とうそぶく大泥棒・五右衛門の名場面は江戸庶民の語り草となりました。

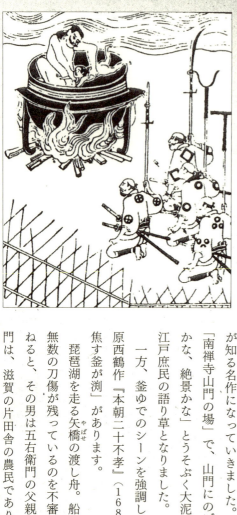

一方、釜ゆでのシーンを強調した小説作品としては、井原西鶴作『本朝二十不孝』（1686刊）の巻二「我と身を焦す釜が渕」があります。

琵琶湖を走る矢橋《やばせ》の渡し舟。船頭を務める老人の背中に無数の刀傷が残っているのを不審に思った乗船客が訳を尋ねると、その男は五右衛門の父親でした。力自慢の五右衛門は、滋賀の片田舎の農民でありながら無用の武芸に熱

を入れ、のちは盗人の頭目となって京の都を荒らしまわったのでした。その悪事に恨みをもつ乱暴者の仕返しにあい、老人は息子のかわりに体中を斬られたというのです。親不孝の大悪人に人々はあきれ果て、老人に同情して涙を流したのでした。

さて、三百人の手下を率いた五右衛門でしたが、ほどなく捕縛され、世のみせしめに七条河原に引き出されて一人息子と一緒に釜ゆでの刑となりました。油をたぎらせた大釜に投げ込まれた五右衛門は、我が身の熱さを免れようと、七歳になる息子を下敷きにしたのです。その悪逆をあざ笑う見物の衆に向かい「我が子可愛さに最期を急がせるのさ！」と悪態をつく始末です。地獄に堕ちて鬼の呵責にあえばよいと、この悪党を憎しみののしったといいます。

なお、死後の五右衛門の行く末を笑いに変えた話が、落語の「お血脈《けちみゃく》」です。「お血脈」とは、極楽行きを保証してくれる信濃国（現長野県）善光寺のお印のことです。「百文出して額にこの印を押してもらえば極楽に行ける」という信心が巷に流行りました。この印のおかげで皆極楽に行ってしまい、困ったのは閻魔様です。「善光寺のお血脈を盗んでまいれ」と、地獄に堕ちた五右衛門に命ずるのですが、抜け目のない悪党は、手に入れたお血脈を使いまんまと極楽往生してしまいました。

釜ゆでの凄惨な物語を庶民の笑いにすりかえる、江戸の戯笑趣味を垣間見ることができます。

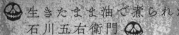

コラム2

怖い寺宝

山水画や国宝級の建物・仏像などの寺社の宝物の中に、たいそう怖い絵画や歴史的遺物が混ざっていることは珍しくありません。小町寺の項目（28頁参照）で紹介した九相図《くそうず》もそのひとつですが、さらに生々しい寺宝を紹介しましょう。鷹峯の源光庵《げんこうあん》・西賀茂の正伝寺《しょうでんじ》・大原の宝泉《ほうせん》院《いん》などの「血天井」です。

戦国時代も終焉に近い慶長五年（1600）、関ヶ原の戦いの直前のことです。徳川家康は会津の上杉景勝《うえすぎかげかつ》を討つため、伏見城の留守居役を配下の鳥居元忠《とりいもとただ》に命じます。ところが、間もなくして家康に反旗を翻した石田三成《いしだみつなり》の軍勢四万が伏見城を攻撃します。多勢に無勢、徳川方は奮戦の甲斐なく次々と討たれていきました。ついに落城というとき、元忠はじめ三百八十名は相次いで腹を切ったのでした。彼らの遺体は関ケ原の戦いが決着をみるまで、二カ月にわたり城内に放置されたため、血の痕が床板に染み付いて落ちなくなりました。

その後、元忠たちの忠義心を称え、慰霊のために血染めの床板を外し、各寺院の天井にして手厚く供養したのでした。源光庵の血天井は、よくみると手の形や足の裏の形がはっきり残っていて、凄絶な武士の最期をまのあたりにすることができます。

洛北以外の寺では、三十三間堂近くの養源院《ようげんいん》、宇治の興聖寺《こうしょうじ》にも、伏見城の床板を移築した血天井があり、怖い寺宝の名所となっています。

第3章

死にきれない強い執着

怪談フィールドワーク③

京都版「牡丹灯籠」をめぐる

東寺

―怪談「牡丹灯籠」の原点―

東寺の塔頭・宝菩提院《ほうぼだいいん》は、怪談「牡丹灯籠」の発端の場所なんです。

牡丹灯籠ですか。ある男が夜な夜な情を交わしていた女が幽霊だったと分かり、幽霊が家に入れないようお札を貼るが、牡丹の描かれた灯籠を持った女と従者が毎夜「開けてくれ」と通ってきて、最後には取り殺されるという話ですよね。

そうです。この話は、明治の落語家・三遊亭圓朝《えんちょう》が創作した落語によって有名になり、「四谷怪談」「皿屋敷」と並んで日本三代怪談と呼ばれています。

牡丹灯籠の舞台は確か江戸だったと思いますが、京都と関係があるんですか。

落語で有名になったので江戸の話だと思われていますが、実は「牡丹灯籠」は元々中国の話で、それをはじめて日本に紹介したのがここ宝菩提院なのです。昭和三十年頃、宝菩提院で『漢和希夷《かんなきい》』という書名の写本が発見されました。室町末～江戸初期頃に写されたものだと考えられますが、その中に中国明代の怪奇小説集『剪灯新話《せんとうしんわ》』を訳したものが数話含まれています。「牡丹灯籠」の原型となる小説「牡丹燈記」もそのひとつです。

なぜお寺にそんな書物があったのでしょうか。

宝菩提院は、信仰を広めるための説教僧が集まる拠点でした。説教をするときのために、不思議な話や珍しい話を含め、中国や日本の様々な話を収集・記録していたのです。

さらに『漢和希夷』に収められた中国と日本の十話の怪談は、貞享四年（１６８７）に京都で刊行された『奇異雑談集』に再録されました。こちらは読みやすい平仮名絵入りの普及版だったので、一般の目に触れやすくなり、後に続く怪談小説に影響を与えました。宝菩提院の僧侶による『漢和希夷』の編集がなかったら、中国文学をふまえた江戸怪談のダイナミックな潮流は生まれなかったかもしれません。そのような意味で、この寺は「江戸時代の怪談の原点」ともいえる場所なのです。

『漢和希夷』は中国の話を翻訳したものなので、人名も地名も中国のままですが、やがて舞台を京都に移した「日本版牡丹燈記」ともいえる話が浅井了意《あさいりょうい》によって完成されます。それが、『伽婢子《おとぎぼうこ》』という怪談集に収録されている、「牡丹灯籠《ぼたんのとうろう》」という話です。ここで

宝菩提院の門前で

中国版

怪奇小説集『剪灯新話』（中国明代）

日本語訳

『漢和希夷』（室町末〜江戸初期頃）
『奇異雑談集』（1687 刊）

日本版に翻案（京都が舞台）

浅井了意『伽婢子』（1666 刊）

人間ドラマを加え江戸版を創作

三遊亭圓朝「怪談牡丹灯籠」（1861 〜 64 頃）

は中国の人名・地名が日本のものに変換されており、東寺も登場します。女が幽霊であることに気付いた男が寺に救いを求めるのですが、そこで頼りにした高僧が、東寺の僧とされているのです。現在よく知られている「牡丹灯籠」は、三遊亭圓朝《えんちょう》がこの『伽婢子』の「牡丹灯籠」に着想を得て、仇討や殺人・母子再会といった様々な人間ドラマを加えて落語に仕立てたものです。そのため、怪談の本筋とは直接関係のないサイドストーリーが多く含まれます。

『漢和希夷』で訳された中国の話と、日本版に翻案された了意の「牡丹灯籠」は、人名や地名以外に違うところはあるのですか。

了意の話では、女と男が愛を語り合う場面などに、心情を詠み込んだ和歌が登場します。これはとても日本的だといえますね。また、日本版ではお盆の頃の話になっていますが、中国の原話では冬の話です。これは中国で先祖を供養するのが冬だったためです。さらに話の終わり方についていえば、中国の小説では、村人に祟って困らせた罪によって、男と女の幽霊が道教の高僧に捕らえられ、むち打たれるという結末です。一方、日本版は男と女が手を取り合って鳥辺山をさまようという情緒的なエンディングになっています。了意の「牡丹灯籠」の話の中には、ほかにも京都の地名が登場しますので、今回は「京都版・牡丹灯籠をめぐる」をテーマに、ゆかりの地を歩いてみましょう。

五条京極と万寿寺

—男と女の出会い—

『伽婢子』では、怪異の起きた時代を「天文《てんぶん》戊申《つちのえさる》」（1548）、場所を京都に設定しています。町名レベルまで詳しくいえば、主人公の男・荻原新之丞《おぎわらしんのじょう》の家は「五条京極」でした。そこは現在でいうと寺町松原です。一方、幽霊の女は「万寿寺のほとりに住んでいる」という記述があります。万寿寺は、かつて天龍寺・相国寺・建仁寺・東福寺とともに京都五山のひとつとして栄えたお寺で、現在は東

「牡丹灯籠」主人公の男が住んでいた五条京極（現寺町松原）周辺から、鳥辺山方面をのぞむ

福寺の塔頭として東福寺のすぐ東側に位置しています。一方、天正年間（１５７３〜９２）に現在地に移る前は、万寿寺通の南、高倉通の西のあたりにありました。了意の「牡丹灯籠」に出てくる万寿寺は、「天文戊申」という物語の設定に合わせて考えると、後者の場所を指すことになるでしょう。

ストーリーは以下の通りです。毎夜通ってくる愛する女が幽霊であると気付いた男が、女が住んでいるといっていた万寿寺を訪れると、

『伽婢子』挿絵
五条京極のあたりで美しい女を見初めた男が声をかける

本堂の裏の墓地にいつの時代とも知れない古い霊廟がある。苔を払いのけてよくみてみると、それは女の墓だった。恐ろしくなった男は、東寺の高僧のお札の力を借りて幽霊を防ぐことに成功する。しばらくして東寺の僧にお礼をいいに出かけた帰り、ふと万寿寺に立ち寄った男は、そこで女の幽霊に手をつかまれる。その後、人々が万寿寺に行き女の墓をあらためてみると、棺の中にはこと切れた男の死体が白骨に抱きしめられた姿で横たわっていた……という展開になります。

再び万寿寺に行くなんて。よせばいいのに、油断したんですね。男の住んでいた五条京極と、女の墓があった万寿寺はすごく近いですよね。

はるかかなたから幽霊がやってくるのではなく、すぐ近所から来るという設定が面白いですね。さらに、万寿寺から五条京極へ東方向に歩いていくと、視線の上の方に、ラストの舞台となる鳥辺山が望めます（前頁写真参照）。了意は「牡丹燈記」を日本風に翻案するにあたって、京都のひと続きの場所で起こった怪談にしているんですね。

かつて万寿寺があった周辺には現在も万寿寺町・万寿寺中之町（205頁）の町名が残っている

鳥辺山
—男と女が手を取り合って—

次は鳥辺山へやって来ました。ここが了意版「牡丹灯籠」のラストですね。

ここは「鳥辺野《とりべの》」とも呼ばれ、平安時代以来、北の蓮台野《れんだいの》・西の化野《あだしの》とともに、京都の三大風葬地として有名でした。現在はおよそ清水寺のあたりから大谷本廟（通称西大谷）あたりのことを指し、墓地が並んでいますが、かつての鳥辺野は現在の地から今熊野《いまくまの》あたりまでの広い範囲をさしていました。

了意の「牡丹灯籠」では、男が取り殺された後、人々は女の墓を鳥辺山に移し、男の遺体とともに埋葬したとあります。この話にはまだ続きがあって、その後、夜中に手を組んだ男と女の幽霊が鳥辺山をさまよい歩いていて、それに出くわした者は必ず命を落とす、という噂が立ったのです。改めて供養をしたところ、凶事は収まったといいます。現在の鳥辺山墓所のすぐ近くに清水寺があり、観光客で

鳥辺山墓地。かつてはこの一帯が風葬地だった

大変賑わっていますが、墓地のほうに入ってくると人通りがぱったりとなくなります。このコントラストが面白いですね。

了意が鳥辺山を舞台に選んだのは、死者をさまよわせるのに風葬地がちょうど良かったからなのでしょうか。

それはあると思います。鳥辺山は、あの世とこの世の交情を描く物語のラストにふさわしい異形の土地柄だったはずです。

また、江戸時代の鳥辺山は、心中事件の噂で知られた場所でもありました。江戸時代の人々は、鳥辺山に対して中世以来の「風葬地」というイメージに加え、「心中死した男女の魂がさまよう場所」という新たなイメージを持っていました。寛永三年（１６２６）に江戸からやって来た侍・菊池半九郎が、祇園の遊女お染と鳥辺山で情死する事件が起きています。この「お染半九郎」の話は、都の巷説として長く人々の記憶に残っていたようで、宝永三年（１７０６）には、近松門左衛門作の地歌「鳥辺山心中」が京都で上演されています。劇作家・小説家の岡本綺堂《おかもときどう》の歌舞伎『鳥辺山心中』（1915初演）に至るまで、東山の風葬地は男女の情死を連想させる冥界の入り口となっていたのです。もしかすると了意版「牡丹灯籠」の後世の読者は、鳥辺山をさまよう男と女の幽霊を心中死の二人に重ね合わせて読んだかもしれません。江戸時代の怪談は、歌舞伎などの芝居とも大きくかかわりを持っているのです。

六道珍皇寺

―あの世とこの世の境界―

了意の「牡丹灯籠」は、お盆の季節の話になっていると先ほど説明しました。冒頭で、京都のお盆の習俗を想起させる描写が出てきます。そこで、お盆の行事「六道まいり」で有名な六道珍皇寺ご住職の坂井田良宏さんに、京都のお盆行事について伺いましょう。ご住職、よろしくお願いします。

ようこそお越しくださいました。京都では、八月の十三日からはじまり、十六日の五山の送り火に終わるお盆の期間に、それぞれの家で先祖の霊を祀ります。その前の八月七日から十日までの四日間に、ご先祖の霊（京都では親しみを込めて「お精霊（しょらい）さん」と呼びます）を迎えるために、六道珍皇寺に参詣する風習があります。これを「六道まいり」といいます。

なぜ、六道珍皇寺に迎えにくるのでしょう。

六道珍皇寺のあるあたりは、かつて鳥辺山のふもとにあたり、この地で野辺の送り（遺骸を風葬・埋葬地または火葬場まで運び送ること）が行われていたため、この世とあの世の境として「六道の辻」と呼ばれました。また、小野篁（23頁参照）が閻魔大王に仕えるため、夜ごと六道珍皇寺の本堂裏庭にある井戸からあの世へ通っていたという伝説もあり、現在まで「冥途《めいど》通いの井戸」として残っています（87頁）。こういった伝説によって、六道珍皇寺があの世への入り口と信じられたからでしょう。

江戸時代の「珍皇寺参詣曼荼羅」にも、冥途

六道珍皇寺ご住職の坂井田良宏さんに、京都の盆行事「六道まいり」について伺った

六道珍皇寺。お盆以外にも拝観することができる

通いの井戸が描かれていますね（次頁参照）。
ところで、冥途通いの井戸と別に、もうひとつの井戸が発見されたと伺ったのですが。
２０１１年に発見された、現在「黄泉《よみ》がえりの井戸」と呼んでいる井戸ですね（88頁参照）。
実は六道珍皇寺には、「小野篁があの世とこ

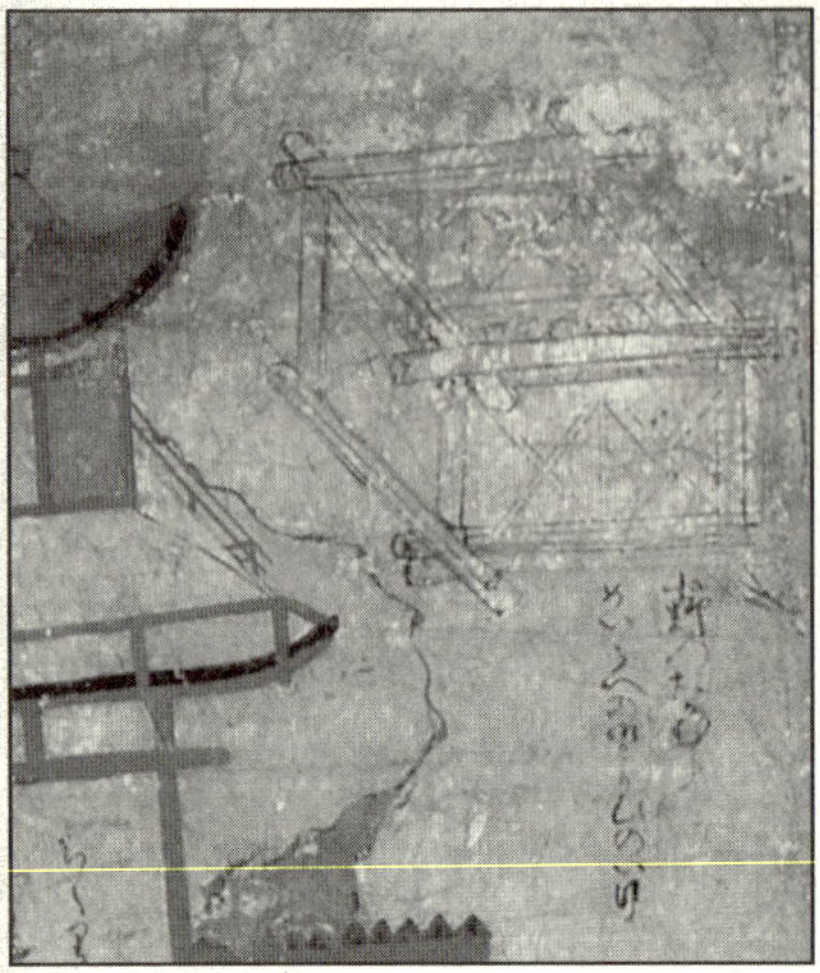

冥途通いの井戸

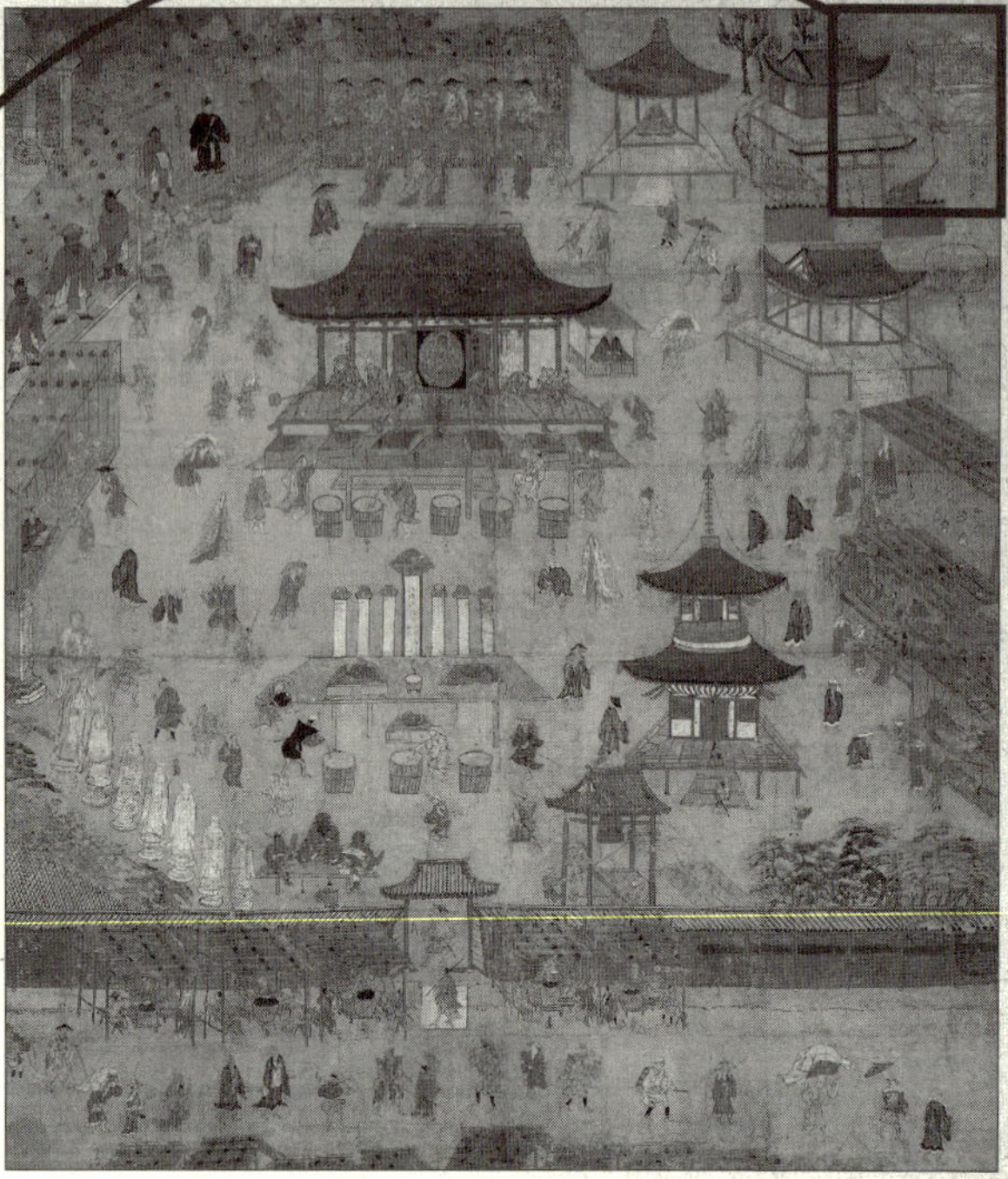

珍皇寺参詣曼荼羅（17世紀 六道珍皇寺蔵）

の世の往還に使ったといわれるもうひとつの井戸があったが、明治の頃にその井戸があった土地を手放してしまった」という話が伝わっていました。そして、「もしその土地を再び得るような機会があれば、必ずその井戸は後世まで守っていかなければならない」と先代の住職からいわれていました。最近機会に恵まれ当該地も戻り調べたところでは、かつてその土地を所有していた人の関係者の証言と寺の伝承が一致し、篁ゆかりの井戸との確証も得ました。水面までが約30m、水深100m以上という、非常に深い井戸で、今でも清らかな水が湧いています。機会があればまた詳しく調査していきたいと思っています。

現在の六道まいりは、どのようなことが行われるのでしょう。

参道で、盆花と一緒に高野槙《こうやまき》というものが売られています。高野槙は昔から霊が宿るとされた霊木で、冥土から戻ってくるご先祖の霊は高野槙の枝を依代《よりしろ》にするといわれています。高野槙の枝を買い携えて本堂へ向かい、経木（水塔婆）に戒名を書いてもらったら、お迎え鐘をつきます。現在もたくさんの方にお参りいただくので、鐘を鳴らすのにしばしば行列ができます。鐘をついたら、水塔婆を線香で浄《きよ》めます。最後に、地蔵尊宝前にある高野槇の小枝を使って水塔婆に水を手向けて「水回向」をし、水塔婆はその場所に納めます。参

小野篁が通ったという「冥途通いの井戸」。
参詣曼荼羅に描かれている通り、本堂からみて北東の方向に位置する

道で求めた高野槇は家に持ち帰り、お盆の間供え、ご先祖様を迎えます。

昔は仏壇のそばに「精霊棚《しょうりょうだな》」という飾りつけをしてそこに供えていましたが、現在は仏壇に供える家庭がほとんどですね。

精霊棚の話は、了意の「牡丹灯籠」の冒頭にも登場しています。中国のお盆の風習とまぜて書いてあるので、六道まいりそのものの様子が記述されているわけではないですし、六道珍皇寺の名前も出てきません。しかし女の墓や男の家、鳥辺山も六道珍皇寺のすぐ近くで、読む人が読めば自然と六道まいりや小野篁の伝説が想起されたのではないかと思います。冒頭で、五条京極にたたずむ男のもとに、(六道珍皇寺のある)東側から女がやってくる、という描写がありますが、この設定も意識的なものかもしれません。

おっしゃる通りだと思います。京都の人が読めばすぐに分かったでしょう。

迎え鐘は、外からみえないよう覆われていますよね。

はい、正面の壁の木組みの一部をくりぬいた

新しく発見された「黄泉がえりの井戸」

小穴から外に出ている綱を引いて鐘を鳴らします。このお迎え鐘の音はあの世に届くといわれており、この鐘の神聖なる音が、先祖の霊をこの世に呼び戻すのです。

この鐘について、鎌倉時代初期の説話集『古事談』などに、このような伝説が残っています。六道珍皇寺の開基である慶俊僧都《けいしゅんそうず》がこの鐘を造らせたところ、ちょうど中国の唐へ赴く前に出来上がってきたので、僧都は「この鐘は三年間地中に埋めておくように」といい残して旅立ちます。ところが、留守を仰せつけられた僧が待ちきれず、一年半くらい経った頃に掘り出して鐘をついてしまいます。その鐘の音ははるか遠くの唐にいる僧都のもとまで届き、僧都は「あの鐘は三年間地中に埋めたままにしておけば、六時になると人が鳴らさずとも自然に鳴るようになったのに、惜しいことをした」といって残念がったといいます。この話は忍耐が肝要だという教えでもありますが、「日本から中国にまで届くような音ならば、はるかかなたにあるあの世にまでも届くはずだ」ということで、ご先祖の

六道まいり

迎え鐘を待つ行列

境内参道で高野槙を求める参詣者

水塔婆に高野槙で水を手向け、水回向をする

本堂で水塔婆に戒名を書いてもらう

霊を呼び戻すためにつかれるようになったのです。

こうした風習は、いつ頃からあったのでしょうか。

私が調べた限りでは、『師守記《もろもりき》』という、南北朝時代のおよそ1339～74年頃の貴族の日記に、六道まいりと思われる記述が登場します。ご先祖を迎えに行くという習慣は昔からありましたが、当初は貴族中心の行事だったようです。一般の民衆にも浸透して今のような形になったのは、江戸初期頃ではないかと思います。江戸時代前期の医者であり儒者でもあった黒川道祐（？～1691）による『日次紀事《ひなみきじ》』に、高野槙を買ってお参りするという記述が出てきます。同じく江戸時代前期の北村季吟《きぎん》という歌人・俳人が記した『菟芸泥赴《つぎねふ》』にも高野槙が登場します。

お参りの様子を描いた参詣曼荼羅をみると、小野篁の像が開帳されている様子が描かれており、昔からあったお参りの習慣と小野篁の伝説を結びつけて信仰を広めようとしている様子がうかがえます。

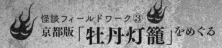

京都市の中心部から六道珍皇寺にお参りに行こうとすると、必ず鴨川をわたって東に進まなければなりません。そして、六道珍皇寺の奥には鳥辺山がみえる。そうした景色の中でご先祖を迎えに行くというのが、山を死者の赴く他界とみる民間信仰から考えてもとても分かりやすいですね。六道まいりの風習が現在まで脈々と続いてきたのは、こうした地理的状況も大きいのではないかと思います。

今はビルが建っているので少し分かりづらくなってしまいましたが、当時はまさにそんな風景だったでしょうね。こうした文化・風習を残していくために、美しい風景も残していけたらいいなと思います。祖父母・両親・子供と三代にわたってこちらに参っていただき、祖父母が孫に地獄の絵解きをする、というのが昔からある風景でした。宗派を超えた行事、生活に根ざした文化として浸透してきたのではないでしょうか。今後も世代を超えてたくさんの方にお参りいただきたいです。

六道珍皇寺で続いてきた京都のお盆の風習が怪談にも影響を与えたのですね。東寺からスタートして六道珍皇寺まで巡ってきましたが、了意が中国の「牡丹燈記」を日本版に翻案する際に、当時の京都の地理的状況や風習をよく取り込んでいたことがよく分かりました。こうした京都の地理的条件を背景にした話が最終的に江戸で有名になったというのも興味深い現象ですね。

※注

❖**三遊亭圓朝**　1839〜1900年。落語中興の祖といわれる。落語のあまりの巧さに嫉妬され、圓朝が演じる予定の演目を先回りして演じられるなどの嫌がらせを受けたため、他人が演じることができない新作落語を数多く創作した。「怪談牡丹灯籠」のほか、「真景累ヶ淵」「怪談乳房榎」などの怪談や、海外文学作品の翻案である「死神」など。

❖**浅井了意**　?〜1691年。仮名草子作家。京都二条本性寺（真宗大谷派）に住した。仏教書・和歌・軍書・古典の注釈書や、名所記など、多岐にわたる書籍を著した。

❖**風葬地**　死体を地中に埋めずに樹上や地上にさらし、風化させる葬地。

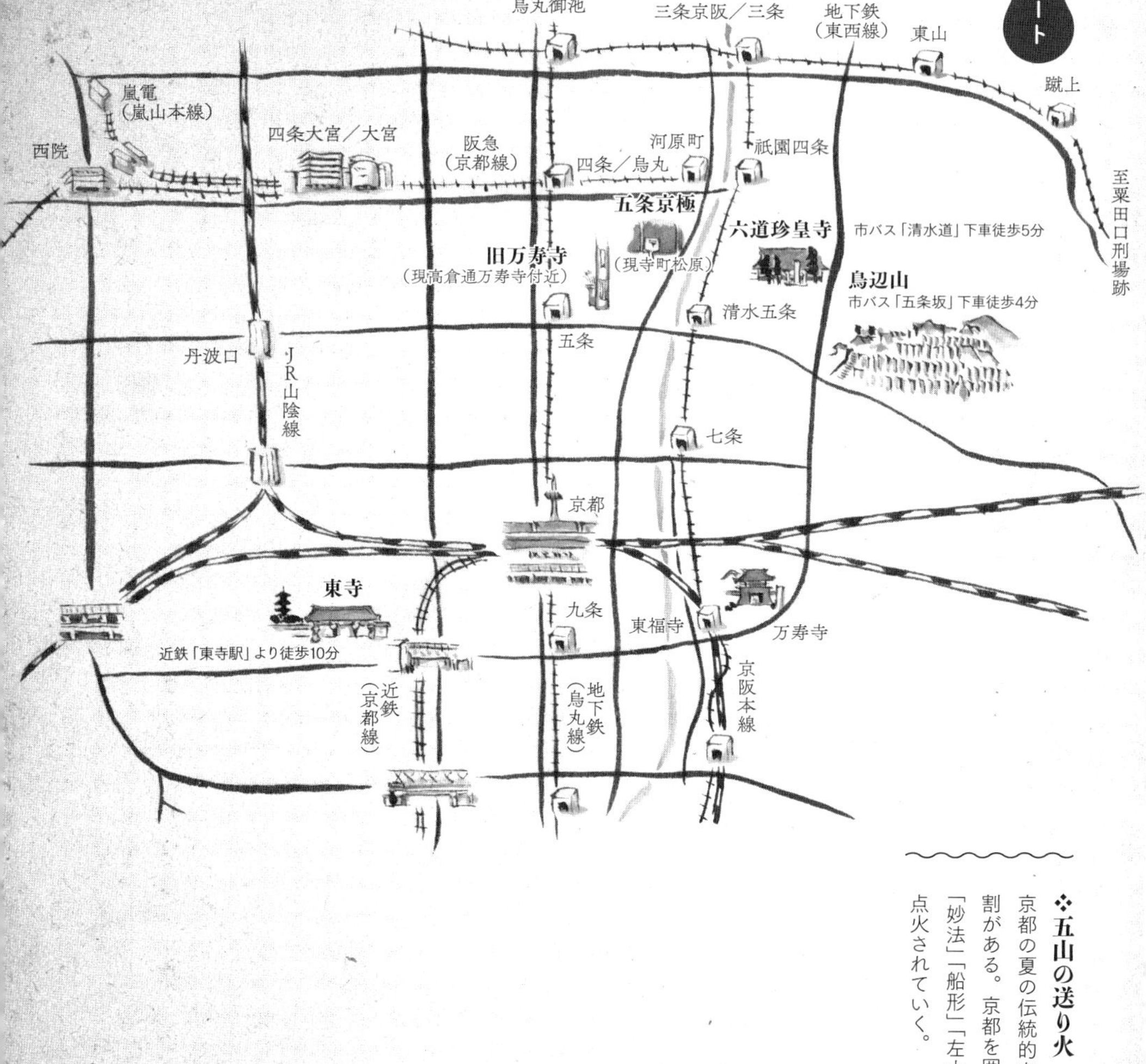

❖**五山の送り火**　八月十六日に行われる京都の夏の伝統的な行事で、精霊送りの役割がある。京都を囲む五つの山に「大文字」「妙法」「船形」「左大文字」「鳥居形」が順に点火されていく。

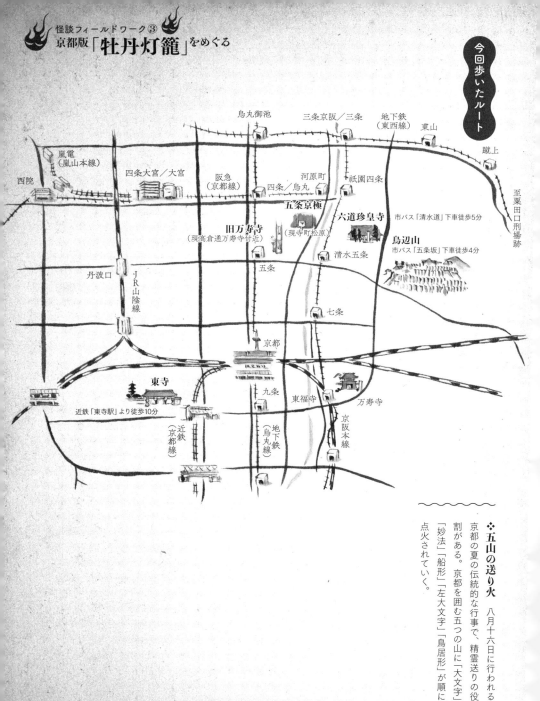

死者との出会い

三条通・粟田口

死者とすれ違う

お通夜の晩、トイレから出てきた「友人のお兄さん」といつものように会釈を交わす。しかし彼はもはやこの世の人ではない。なぜなら、今日は「お兄さん」のお通夜だったから――。

この話は木原浩勝ほか著の『新耳袋　第七夜』（２００２刊）の「謝霊」に収められた現代の恐怖体験です。何の変哲もない日常の中で、死んだはずの知人とすれ違ったり、故人の目撃情報に接したりする奇談は、この話以外にも『新耳袋』に数多く採録されています。冥界との接触に関するこの種の話は、まさに怪談の王道といってもよいでしょう。

死者と生者の思いがけない遭遇を語る怪談は、近代以前の奇談集や仏教説話集にその源流をたどることができます。江戸の町奉行を務めた根岸鎮衛《やすもり》（１７３７〜１８１５）が奇談を集めた随筆集『耳嚢《みみぶくろ》』（１８１４成立）をひもとけば、湯島聖堂近くの昌平橋の上で死んだはずの侍と言葉を交わした話（巻之五「遊魂をまのあたりに見し事」）などの類例にこと欠きません。さらに時代をさかのぼると、『今昔物語集』（十二世紀）の立山（富山県）に地獄があるという話も、死者との遭遇を説話の発端としているのが分かります。

もっとも古典作品の場合には、死者がこの世に舞い戻る理由に話の中心点が置かれていました。『今昔物語集』の説話はあくまでも「立山地獄」という死者の国の存在を説き広める宗教的な目的に根ざすものでした。また『耳嚢』には、「死してなお主家の恩義を忘れない幽霊の忠節」といった江戸時代の倫理観にもとづく話も少なくありません。『新耳袋』にみえる二十一世紀の都市伝説が古典怪談の話の系譜を引いている点は否めません。しかし、視点を変えてみるなら、両者の間に広がる大きな隔たりも明らかです。現代の説話は、宗教や道徳にはあまり関係がなく、死んだ人間と分かったときの血も凍る恐怖を話の眼目にしているからです。

次に紹介するのは、京の町中で起こった奇妙な出来事について、現代の実話怪談を思わせるリアルな筆づかいで記述された『新選百物語』（1768刊）の一話です。そこには死んでも友情を忘れない幽霊の信義が語られています。

仲の良すぎる二人

今は昔、四条西洞院に万屋久左衛門という行商人が住んでいました。隣家の浪人・文治とは常日頃から兄弟同様の仲の良さで、暇さえあれば会って語らい、長いつきあいの間、喧嘩ひとつしたことがない間柄でした。

商売柄、旅に出ることの多い久左衛門が京を留守にするときは、文治も必ず粟田口《あわたぐち》まで見送りに行き、帰郷の折は互いの無事を喜ぶといった親密さです。周囲の者は、これも何かの因縁かと噂していました。

あるとき話のついでに久左衛門がほんの戯れのつもりで将来の話をしました。「もしどちらかが先に死んでしまったら、いったいどうすれば良いのでしょう」。不安そうな様子に、文治は微笑みを浮かべて、「大丈夫ですよ。魂が残っていればどんな事をしてでも会えますから。たとえ地獄に堕ちても、暇《いとま》をもらって現世に舞い戻れますとも」とおどけてみせました。二人はこうやって気持ちを確かめ合いながら日を重ねていたのです。

いく日か過ぎて、久左衛門はいつものように行商に出ることになりました。しかし今回は文治が病の床に伏せっていたため、見舞いをかねての暇乞いとなったのでした。「明日の朝、伊勢の方に旅立ちます。なあに、すぐに戻ってきます。それまで養生して待っていてください」。そういって菓子など差し出し慰めます。文治は嬉しそうに起きあがり「こんな具合では、粟田口までお送りできず、まことに残念至極です。悪寒や頭痛が治まらないので、本当にすみません。先日も申し上げたとおり、たとえ命果てるとも会いに来ますから」。弱々しい声ながら、気丈に振る舞う文治に、久左衛門は後ろ髪を引かれる思いがして、ついつい夜更けまで長居をしてしまいました。

伊勢に着いた久左衛門は、文治の容態を案じていましたが、商売の都合もあり、二十日あまりのときを過ごすことになります。

粟田口の幻影

やっと仕事を片付け、急いで京をめざしたのですが、運悪く途中の大津で商いごとに手間取り、三条通の東のはずれにあたる粟田口に着く頃には、すでに亥の刻（午後十時頃）を過ぎていました。夜更けの街道を進んで行くと、闇の向こうに人の気配がします。みると、かすかな影が杖をつきながら弱々しく近付いてくるではありませんか。「はてこんな時間に誰であろう」と提灯を掲げてよくみれば、そこにいるのは文治に間違いありません。「おお文治様、ここでお目にかかれるとは。みれば痛々しいご様子、お加減はいかがですか？」。文治が答えます。「ご無事のお帰り何よりです。私の気持ちが天に通じて再会を果たせたのでしょう。あれから酷い病に苦しんでおりましたが、あれこれと養生して何とか歩けるまで回復致しました。今夜あたりお戻りになるのではと、こうして迎えに参った次第です」。二人の男は、再会を喜びながら連れ立って夜更けの洛中に入りました。ところが妙なことに、文治は「麩屋《ふや》町あたりに用事があるので、私はちょっと立ち寄ってから帰ります。どうかお先にお戻りください」と言い残して別れて行きました。

久左衛門は首をかしげながら家に帰ると、父の久兵衛は息子の帰りを喜びながらも、なぜかため息をつき、「いずれ話さねばならないが、今夜は止めておこう」などと訳の分からないことを口ごもっています。訝しく思いつつ、久左衛門は帰り道で痩せ衰えたありさまの文治に出会い、麩屋町まで同道したことを明かしました。

すると父親の顔色がみるみる変わります。実は重篤な状態に陥っていた文治はその日の昼前に息を引き取り、暮れ方に野辺送りを済ませたところだというのです。いまわの際に、「久左衛門に会いたい」と言い残して亡くなった文治の最期を聞き、一部始終が明らかとなりました。「あの方の魂が、朋友の信義を違《たが》えず会いに来たのだ！」。久左衛門は涙ながらに友の墓に詣で、その後は残された文治の両親に孝を尽くしたといいます。

この話は、同時代に書かれた上田秋成『雨月物語』（1776刊）の「菊花の約《ちぎり》」と同じように、男同士の恋を描く男色物の雰囲気を漂わせています。そうした観点から読めば、生と死を超えた男と男の深い愛の物語ととらえることもできるでしょう。男色怪談は、江戸の怖い話の一ジャンルだったわけです。

幽霊絵馬

革堂《こうどう》

寺と幽霊画

全国の寺院に所蔵されている幽霊画をみて歩くと、その多くが死者供養の意味を持つことに気付かされます。盆や彼岸の折に本堂の余間（仏を祀る「内陣」の左右のスペース）に幽霊画を掛けて回向する例は少なくありません（188頁参照）。死者の迷魂を鎮め、残された遺族の心に安らぎをもたらす盆・彼岸の仏教儀礼の意味を前提とするなら、同じ時期に寺院に掛けられる幽霊画が弔祭《ちょうさい》供養の機能を果たすことは当然といえるでしょう。

幽霊絵馬のいわれ

幽霊の絵を美術品としてではなく、供養対象の「寺宝」とみなすことは、仏教説話や寺院縁起の場合、決して珍しいものではありません。田中緑紅《りょくこう》（本名俊二、1891〜1969）の『京の怪談』（1969刊）の中に、「幽霊鏡の由来」と題した、中京区寺町通竹屋町上ルの革堂（行願寺《ぎょうがんじ》）の幽霊絵馬にまつわる怪談がみえます。絵馬の図柄に若い娘の姿を画き、小さな手鏡を埋め込んだ革堂の絵馬の由来とはどのようなものだったのでしょうか。

文化十四年（1817）の出来事といいます。革堂近くの竹屋町柳馬場あたりに八左衛門という質屋の主人がおりました。あるとき、三歳になる息子の子守りを探したのですが、八左衛門が評判の良くない人物だったため、引き受ける者は誰もいません。そこで知人を頼り、遠く離れた近江草津（滋賀県）の農夫・和兵衛の娘を雇い入れることになりました。娘はふみという十三歳の少女でした。

それから二年の間、おふみは毎日子供を背負って行くところもなく、自然と革堂の境内へお参りに向かうことが増えていきました。西国巡礼の札所である革堂は、いつも白衣の参拝者で賑わい、熱心に御詠歌を唱える善男善女で溢れていました。いつしかおふみも、聞き覚えた御詠歌を子守り歌がわりに口ずさむようになっていきます。

しかし日蓮宗信者の八左衛門にとっては、他宗派のご詠歌を口にするおふみの行為がひどく癇《かん》にさわり、「二度と革堂に足を踏み入れてはならぬ」と厳しくいいつけました。それでも革堂は子守に適した環境だったので、おふみは主人に隠れて通い続けました。

小雪の降る寒い夕方のことです。子供がおふみの口まねをして御詠歌をうたいました。これに腹を立てた八左衛門は、おふみを捕らえ、裸にして頭から冷たい水をあびせ掛けたのです。泣き叫び必死に詫びる娘を納屋に放り込み、夫婦はそのまま寝てしまいました。翌朝、凍死したおふみの哀れな姿が発見されます。焦った八左衛門は、事が露見するのを恐れて納屋の中に穴を掘り、おふみの遺体を隠しました。そして草津の親元には、好きな男ができて行方不明になった旨を伝えたのです。和兵衛夫婦は驚き悲しみ、京の町を探しまわりましたが、娘の所在が分かるはずもありません。

証拠の鏡

落胆した両親は、おふみの革堂参りを知り、革堂に向かいます。御詠歌を唱えながら「一目娘に会いたい」と念じたのでした。

その晩夢におふみがあらわれ、主人の折檻により命を落とし納屋の床下に埋められたことを告げ、母から貰った手鏡を差し出すと、「これを革堂さんに納めてください」といって消えたのです。目を覚ましてみれば、夫婦の前に、娘に持たせた鏡が置いてあります。急いで奉行所に訴え出て八左衛門の悪事を暴き、娘の遺骸を探し当てねんごろに葬りました。

八左衛門は処刑され、事件は落着します。その後、両親は形見の手鏡をはめ込んだ絵馬に娘の姿を描き入れ、ことの顚末を記して革堂に奉納したのでした。絵馬はお盆の三日間、本堂に掛けられ幽霊供養の祈りをささげます。

以上の由来が、革堂の和尚から聞いた話として『京の怪談』に記載されています。この絵馬は近年では宝物館に移されましたが、最近は八月の地蔵盆のみ公開されています。

霊験説話から怪談へ

この話に重要な証拠の品として娘の手鏡が登場するのは、もしかすると古くから革堂に伝わる加茂明神の霊験を下敷きにしているのかもしれません。

現在、境内の西北に高さ3mほどの加茂明神塔が祀られています。寺伝によれば、寛弘元年（1004）に寺を開いた行円《ぎょうえん》は、加茂明神の夢告を受けて加茂社の槻《つき》の木を手に入れ、本尊の観音像を作ったといいます。

近世に入ると、加茂明神の「鏡」に関する伝承が市井に広まっていきました。浅井了意の『東海道名所記』（1659頃刊）巻六は、一人の女房が「鏡一面をもちきたりて」行円の前にあらわれ、自分を寺の過去帳に加えて欲しいと頼む説話に言及しています。そして、この女房こそが加茂明神だったというのです。神鏡の伝承は時を経て文化年間（1804〜18）に至り、哀れな娘の菩提を弔う幽霊絵馬の由来に変遷したのではないでしょうか。

近世末という時代は、寺と幽霊画の関係がいっそう密になった頃でもありました。むろん幽霊話自体は古代・中世の時代から存在していました。しかし、これを一幅の掛軸に描くようになったのは、庶民の絵画である浮世絵の成立する近世を待たなければなりません。円山応挙（1733〜95）の活躍した十八世紀は、幽霊画の全盛期でもありました。そして応挙以後、幕末から明治にかけて多くの幽霊画が制作され、世間に広まっていきますが、その所蔵者の中に寺院が目立つことは注目してよいでしょう。そのような状況を背景にして、革堂の宝物である「幽霊絵馬」の由来が僧侶により語られていたのです。宗教活動を介して美術と怪談の融合が行われたともいえるでしょう。

壬生をただよう火の玉

壬生寺《みぶ》

壬生と西院《さいいん》

壬生寺は、中京区壬生梛《なぎ》ノ宮町にある律宗寺院です。古くは地蔵院とも宝幢三昧院《ほうどうさんまいいん》とも呼ばれ、江戸時代には京都二十四地蔵の第一番として庶民の信仰を集めていました。この寺は幕末に活躍した新選組《しんせんぐみ》隊士の墓で知られ、また芸能の面では毎年二、四、十月に行われる仮面無言劇「壬生狂言」(大念仏狂言)が有名です。

壬生狂言は、鎌倉末期に融通念仏《ゆうずうねんぶつ》を広めた壬生寺中興の祖・円覚《えんがく》(1223〜1311)がはじめた仏教芸能です。演目の中には「大江山」「土蜘蛛《つちぐも》」などとともに、「賽《さい》の河原」といった宗教色のまさるものも含まれます。親より先に死んだ子は賽の河原に堕とされて、ひとつ、ふたつと小石を積んでは鬼に責められるのです。泣きじゃくる子供たちを見守り、救うのがお地蔵様でした。「賽の河原」の演目は、地蔵信仰の聖地・壬生寺にふさわしい内容といえます。

かつて壬生狂言の衣装には、寺に納められた故人の着物を用いていました。このような習俗は、死者のおもむくあの世との交流を語る寺院ならではの特色といえるでしょう。冥府《めいふ》との関連でいえば、壬生寺の西に広がる西院の地もまた賽の河原の伝承地でした。

西院を舞台として荒ぶる亡霊の成仏を描いた、江戸中期の長篇勧化本《かんげぼん》（仏の教えを説く「説教」のテキストとなる本）・『西院河原口号伝《くごうでん》』（１７６１刊）は、冒頭に十五歳に満たない童児を西院の河原に葬る平安京以来の習俗を紹介し、それゆえ子供を叱るときに「西院ノ河ヱ遣《ヤリ》テ鬼ニ責《セメ》サスゾ」といえば泣く子も黙った、としています。本書の書かれた十八世紀当時の仏教の歌謡には「コレハコノ世ノコトナラズ、死出ノ山路ノスソ野ナル、西院ノ河原ノモノガタリ、聞クニツケテモアワレナリ」（『西院河原地蔵和讃』）とあり、小石を積んで父母を恋しがる童児の地獄の風景を民衆の心に印象付けました。江戸時代の人々にとって、壬生と西院はあの世に近い場所のひとつだったと考えて差し支えないでしょう。

さて、壬生寺周辺のそのような宗教的な土壌は、破戒《はかい》僧（戒律を破った僧）にまつわる奇怪な妖怪伝説を生むことになります。西村市郎右衛門の『新御伽婢子』（１６８３刊）巻三の八「野叢火《やそうのひ》」を取り上げてみましょう。

油を盗む僧

その昔、淳和天皇（７８６〜８４０）の離宮があった西院御所も今は廃れ、宮殿の跡は民の暮らしの場となっていました。春になれば、西院にほど近い壬生寺は大念仏狂言に集まる老若男女で大いに賑わいます。

ところがいつの頃からか、壬生寺のまわりの松原に「化け物が出る」との噂が囁かれるようになりました。月のない暗い夜、草原を妖火が飛び回るというのです。青白い火の玉が草の上を浮遊するかと思えば、今度は空に向かって上昇し、絶えず動きまわるのでした。里の者はこれを「宗玄火《そうげんび》」と呼び、怖れおののきました。

『新御伽婢子』「野叢火」挿絵
火の玉の中に顔が！

実はこの化け物は、壬生寺に深いかかわりがあったのです。かつて寺の地蔵堂に仕えていた下級僧の中に、宗玄という者がおりました。宗玄の役目は、仏前の御灯《みあかし》に油をさす下働きの仕事でした。ところが心のねじれたこの僧は、寺参りの信徒の納める金品をくすねたり、自分の手元にある灯明の油を勝手に売り払ったりしていました。こうした悪事が数年にわたり続いていたのです。

この男の所業が神仏の怒りに触れたのでしょうか。しばらくして宗玄は不治の病に倒れ、臨終に醜い悪相をあらわしながら息絶えたのでした。それからというもの、地蔵堂のまわりの野原に灯籠ほどの大きさの火の玉が飛ぶようになったのです。

あるとき里人の夢に宗玄の亡霊があらわれ、生前の悪行のせいで死して地獄に堕ち、焦《しょう》熱《ねっ》の炎に身を焼かれながらも魂はこの世にとどまって妖しい火の玉になったことを告げたのです。里人は因果応報のありさまに怖れをなしたのでした。

寛文の時代（1661〜73）になっても、宗玄火に出くわすものは後を絶ちませんでした。怖い目にあった男の証言によれば、夜更けに西院から洛中に帰ろうとして壬生にさしかかったところ、雨のそぼ降る闇の中に大きな火の玉をみたというのです。しかも妖火の真ん中に法師の顔があらわれたのですからたまりません。そのまま気を失い明け方になって通りがかりの人に助けられます。やっと正気になった男の話を聞いて、里人は「宗玄火に間違いない」と顔を見合わせたのでした。

『新御伽婢子』の挿絵は、壬生の田畑を飛び回る妖火と、あぜ道を逃げまどう男を描き出しています（上図）。当時の村里の風景を背景に、宗玄火の噂が図像化されています。

罪と炎の狂宴

油を盗んだ者が妖怪に変化してしまうという伝承は、ほかの地域でもみることができます。比叡山の油坊（『諸国里人談』1743刊）、伊丹昆陽池《こやいけ》のアブラカヘシ（『民間伝承』五巻五号、1940刊）などは、この系統の妖怪譚です。

さらに河内国（現大阪府）に出没する「姥《うば》が火《び》」は、やはり灯明の油を盗んだ老女の罪科に関する伝説でした（『河内鑑名所記』1679刊）。小説の分野では、『西鶴諸国はなし』（1685刊）の巻五の六に、姥が火伝説をもとに創作した「身を捨《す》て油壺」という題名の作品が載っています。ただし西鶴の場合は、必ずしも因果応報の結末になっていない点に新味が感じられます。ここでは、単に「罪を犯した者」が妖火になるのではないのです。

物語の主人公となる女は若い頃、男たちの心を虜にするほどの美女でした。ところがどうした訳か、十八才までに十一人もの結婚相手に先立たれ、「見るもおそろしげ」な八十八才の老女となり、村人に忌み嫌われました。貧困に苦しみ神社の油に手を出した老女は、盗人の正体を暴こうとした神主たちに弓で射られて死んでしまいます。村に住む老女だったと分かった後も、哀れに思う人は誰一人いなかったといいます。それ以来、この老女の首が火をふいて往来にあらわれるようになった、という話です。

妖怪になってしまった老女の数奇な人生。その描写力には目をみはるものがあり、人間そのものの不思議さを描く西鶴の作品世界がよく表現されています。「人はばけもの世にない物はなし」（『西鶴諸国はなし』序文）と言い切る西鶴流の怪異観を知ることができます。

おみつの怨霊

蹴上《けあげ》

自殺した女の噂

「おみつの怨霊」は、京都・蹴上を舞台とした実話怪談です。上方《かみがた》の風俗や文芸など、さまざまなジャンルの論考を掲載した雑誌『郷土研究上方』昭和八年（1933）九月号によれば、明治のはじめ、夫「直次郎」と妹「おゑき」の密通を苦にして自殺した「おみつ」が幽霊となってあらわれて二人の首を絞めたのでした。この怪事件に京の人々の好奇の目が集まったといいます。

一方、郷土史家・田中緑紅著の『京の怪談』（1969刊）には、この怪事件のさらに詳しいあらましが書きとどめられています。

三条蹴上・東《ひがし》小物座《こものざ》町の住人・福島直次郎二十八歳の妻・おみつ二十一歳が、妹おゑき十八歳と夫の仲を嫉妬し、「この怨みは死んではらしてやろう」と、二階の梁《はり》に緋縮緬《ひぢりめん》のしごきを掛けて首を吊ったのは、明治十五年（1882）一月二十四日の晩のことでした。

その後、おみつが亡くなったのを良いことに、直次郎とおゑきの二人は仲むつまじく暮らしていましたが、同じ年の六月十七日の深夜になって異変が起こります。おみつの怨霊が直次郎に憑依し、おゑきの首を絞めつけたのです。正気に戻った直次郎は死者の一念の

田中緑紅が「おみつの怨霊」を紹介した『京都新聞』昭和三十四年七月十七日の記事

恐ろしさを知り、親族とも相談のうえ、二十三日に鹿ヶ谷の安楽寺でおみつの供養を行い、過去の過ちを悔いて亡き妻の冥福を祈ったといいます。

田中緑紅は、話の末尾に怪談の出典を示して、「その当時日出新聞に出た記事から」としています。『日出新聞』とは現在の京都新聞の前身であり、明治三十年に京都日出新聞として創刊されたものです。事件から十数年を経た明治三十年代に、市井の怨霊話が新聞の紙面をかざっていたことがよく分かります。

一方、時代の移ろいとともに人々の記憶から消え去る運命にあった「おみつの怨霊」をめぐる噂が今日に至るまで伝承された背景には、近代の京都において郷土史研究の中心にあった田中緑紅の活発な研究・執筆活動が大きく影響していました。失われていく明治大正時代の生活文化や民俗史、珍奇な説話伝承の生の姿を書き残した田中緑紅の足跡は、『緑紅叢書』全五十冊に余すところなく反映されています。特にその中の一冊『京の怪談』は、洛中洛外の奇談を今に伝える貴重な資料といえるでしょう。

物語の舞台

『京の怪談』が刊行される十年前、昭和三十四年（１９５９）七月十七日の京都新聞夕刊に掲載された「現代スリラー特集」において、田中緑紅は「おみつの亡霊」と題する一文を寄稿しています（前頁図）。その冒頭は、次のような旧地名の説明からはじまります。

三条蹴上の大神宮通の西の方を、東小物座町といい、古くは薦座《こもざ》といってました。この町に福島直次郎（二八）という男がおり、年ごろでもあるからと伯父の世話で、麩屋町押小路下ル水谷吉之助の妹おみつ（二一）と結婚することになりました。

事件の発端に「東小物座町」という具体的な地名が登場していることは、京都の地理感覚に照らしてみた場合、深い意味を感じさせます。なぜなら、洛中と洛外の境界点を「異界の入り口」と考える平安京以来の心象《イメージ》がそこに見出されるからです。

現在の住居表示にしたがえば、地下鉄東西線の蹴上駅を出たあたりを東小物座町といい、西に２００ｍほど歩いた蹴上バス停付近を「西小物座町」と呼びます。これに対し、小物座町の旧地は三条通をさらに西に進んだ三条広道バス停北側に位置し、かつては「薦座」の文字をあてていました。

実は東山駅から蹴上駅に至る三条通沿いは、明智光秀の首塚（55頁参照）や、平安時代、三条小鍛冶《こかじ》という刀工が天皇の刀を作る手助けをした狐を祀ったといわれる相槌《あいづち》稲荷などがあり、不思議議な民間伝承にこと欠かない土地でした。

さらに蹴上周辺の粟田口一帯は旧東海道の出入り口にあたり、「京の七口」のひとつと

して知られていました。江戸時代になると、都のウチとソトを分ける境目であるこの場所には粟田口刑場が設けられ、一万五千人あまりの罪人が処刑されたといいます。そうした事情もあり、このあたりは近世怪異小説の舞台となることも少なくなかったのです。

都の東端・蹴上の魔所

『新御伽婢子《しんおとぎぼうこ》』（1683刊）巻二の四の「女の生首」もまた、話の冒頭に夜更けの粟田口でくりひろげられた男と女の猟奇的な別れを描いています（36頁参照）。こうした異形の物語が粟田口を怪談の舞台に選んだのは、都の人々の心象に根をはった伝統的な土地感覚、つまり「京洛の四隅には魔所が存在する」という感覚の影響によるものでしょう。

北辺の深泥池、西の果ての首塚大明神などを思い浮かべるとき、明治の実話怪談「おみつの怨霊」が東の境界に相当する蹴上の小物座町にからめて語られたのは、まさに京都らしい怪談のテイストを示唆する内容であるといえます。

すぐれた怪談はリアリティを必要とします。特に由緒ある土地の名を冠することは、その話に地名の放つ磁場の呪縛を与えるという効果をもたらします。「おみつの怨霊」の場合もまた、京都の東端「蹴上の魔所」を大いに意識させる話柄とみてよいでしょう。

コラム3

江戸怪談文芸を楽しむ

「江戸怪談文芸」の代表的二作品を、もっと深掘り！

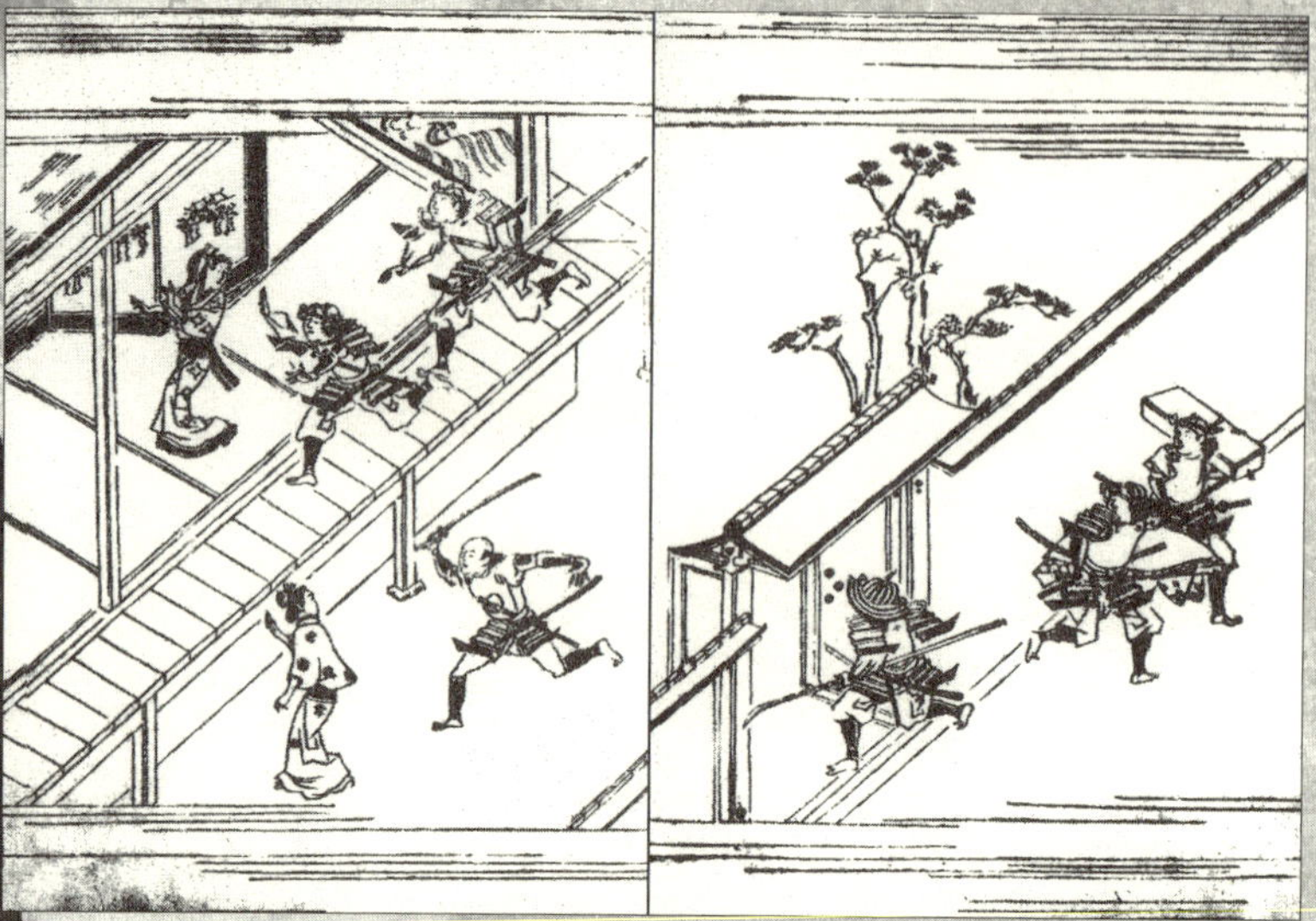

『伽婢子』巻六の三「遊女宮木野」挿絵
宮木野の家を襲う武田の軍兵。乱暴狼藉と略奪の限りを尽くす

伽婢子《おとぎぼうこ》

寛文六年（1666）刊。浅井了意作。全十三巻六十八話のほとんどが、中国志怪小説を原拠として応仁の乱から戦国期の日本の出来事に翻案した内容。『伽婢子』にはじまる翻案小説の手法は、続編の『狗張子《いぬはりこ》』（1692刊、全七巻四十五話）にも生かされており、後続の怪異小説に大きな影響を与えた。

了意は中国の怪談を和風にするにあたり、中世日本の史実をふまえた歴史小説の形式を用いました。たとえば巻六の三「遊女宮木野」では、中国明代の『剪灯新話《せんとうしんわ》』「愛卿伝《あいけいでん》」によりながら、一方で永禄十一年（1568）の駿河国府中（現静岡市）に起きた武田軍の侵攻を歴史背景に設定しています。遊女の身であった自分を妻に迎えてくれた夫のため、宮木野は武田の雑兵に汚されることを嫌い自害します。死後に幽霊になって姿をあらわし、鎌倉の裕福な家の子に生まれかわったことを夫に告げる

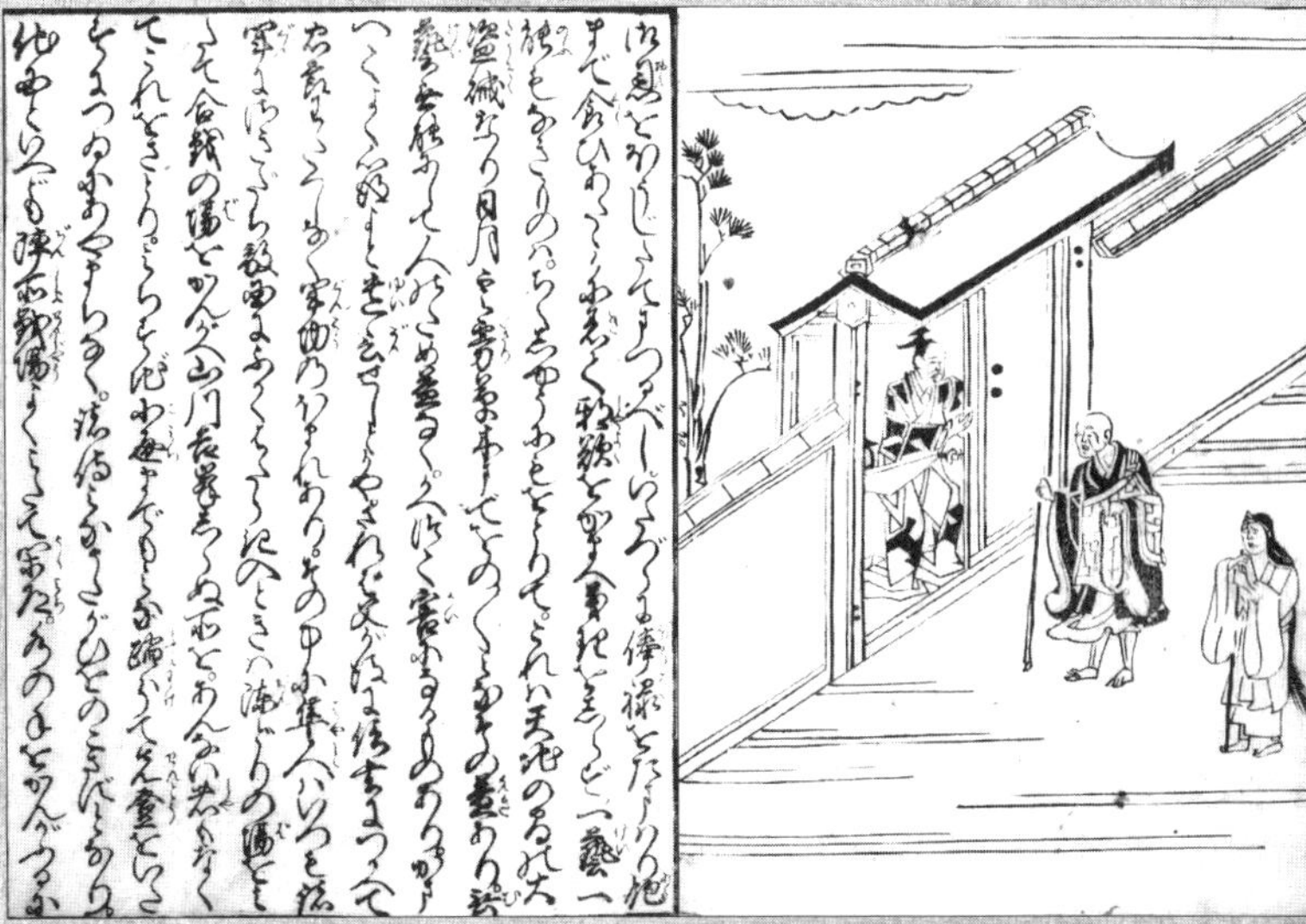

同書巻五の四「原隼人佐鬼胎」
亡くなったはずの妻が老僧に連れられて訪ねてくる。僧は地蔵菩薩の化身

のでした。上田秋成による『雨月物語』（1776刊）の「浅茅《あさじ》が宿」も同材の小説で、中国の貞女談を日本的な情趣を盛り込んだ歴史秘話につくりなおしたものでした。

一方、日本の昔話に材を得た章段も少なくありません。たとえば巻五の四「原隼人佐《はらはやとのすけ》鬼胎《きたい》」は、難産のために死んだ侍の妻が幽霊となって三年間も夫のもとに通い、逢瀬を重ねて子を産む奇談です。幽霊の子はのちに武田信玄に仕えて原隼人佐という武将になります。昔話の「幽霊女房」に通底する怪談です。

このほか、巻二の三「狐の妖怪」、巻九の五「人鬼」、巻十二の一「早梅花妖精《そうばいかのようせい》」、巻十三の一「天狗塔中に棲《すむ》」などの妖怪譚、異郷訪問を描く巻六の一「伊勢兵庫仙境に至る」、幻術使いの逸話を記す巻七の三「飛加藤《とびかとう》」、奇病を扱う巻九の四「人面瘡《じんめんそう》」などの章段があり、バリエーションに富む作風をみることができます。

また、最終章「怪を語《かたれ》ば怪至《いたる》」には百物語の作法が記述されており、当時の怪談会の様子がうかがえます。

本書は『新日本古典文学大系75』（岩波書店）で読むことができるほか、『江戸怪談集』中巻（岩波文庫）に三十話が収録されています。

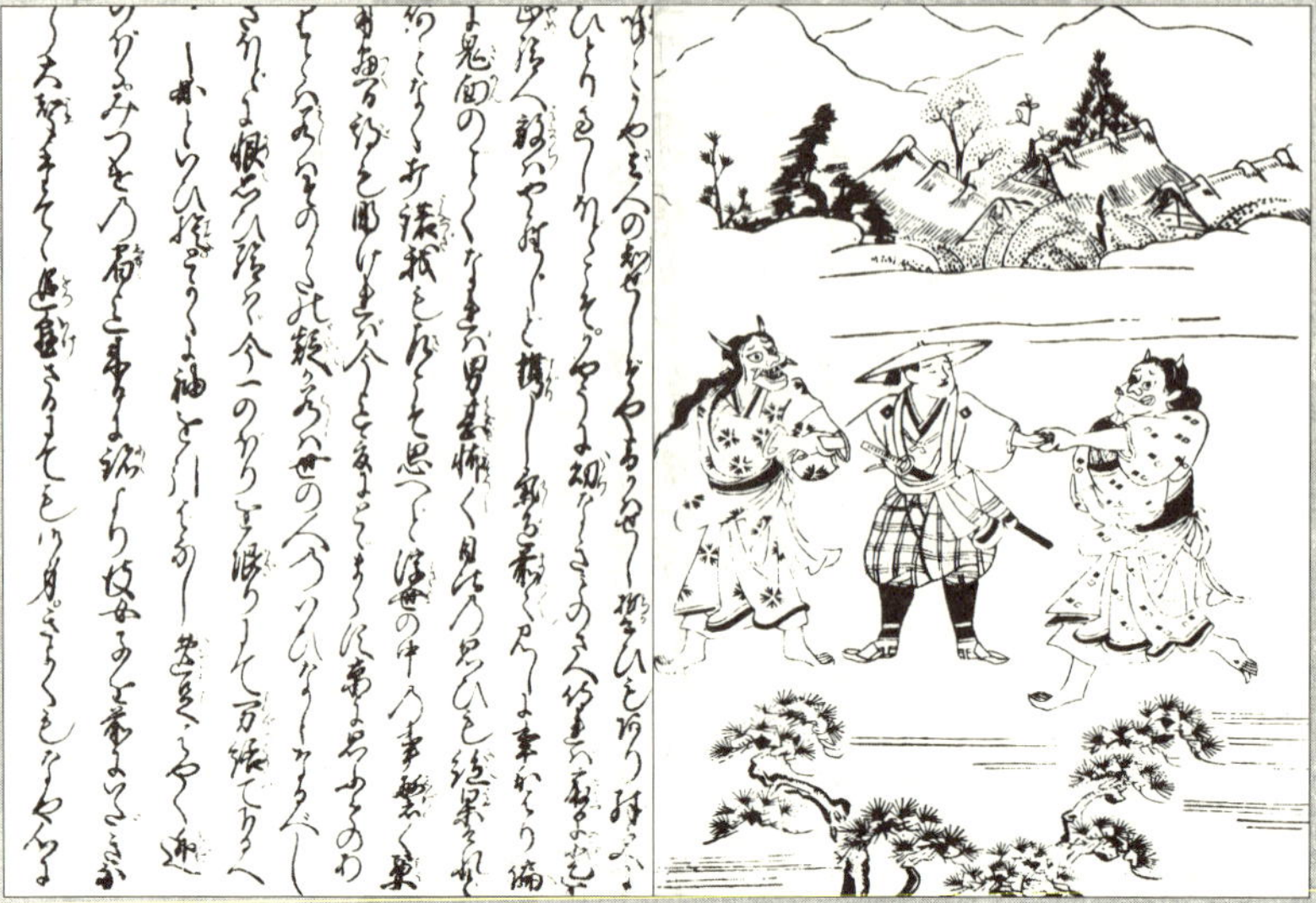

『新御伽婢子』巻三の五「両妻夫割」
男を引き裂く京の女と江戸の女。右側の女は懐に幼児を抱く

新御伽婢子《しんおとぎぼうこ》

天和三年（１６８３）刊。全六巻四十八話。西村市郎右衛門《にしむらいちろうえもん》作。題名を変えた再刊本に『御伽大黒《おとぎだいこく》の槌《つち》』（１７２７刊）、『怪談仙界鏡』（１７８２刊）がある。浮世草子時代（江戸時代前〜中期）の代表的な怪異小説。

作者の西村市郎右衛門（俳名・未達）は、三条通油小路東入ルで出版業を営んでいました。同時代の井原西鶴《いはらさいかく》に対抗して、本書のほかに『宗祇《そうぎ》諸国物語』（１６８５刊）『御伽比丘尼《おとぎびくに》』（１６８７刊）などの怪談集を刊行しています。

本書は題名に「伽婢子」を含むものの、中国文学の影響は薄く、むしろ日本の民間説話を潤色した作風が目立ちます。しかも刊行時に近い年代に設定した話もみえ、現実味のある内容を特色としています。特に京都を舞台とした話は十五話を数え、近畿各地が舞台の十四話を加えると、半数以上の章が上方《かみがた》の読者になじみの深い話柄です。

たとえば巻三の五「両妻夫割《りょうさいおっとをさく》」は、京都と江戸に二人の妻をもつ五条室町の商人が、両妻の怨霊に引き裂か

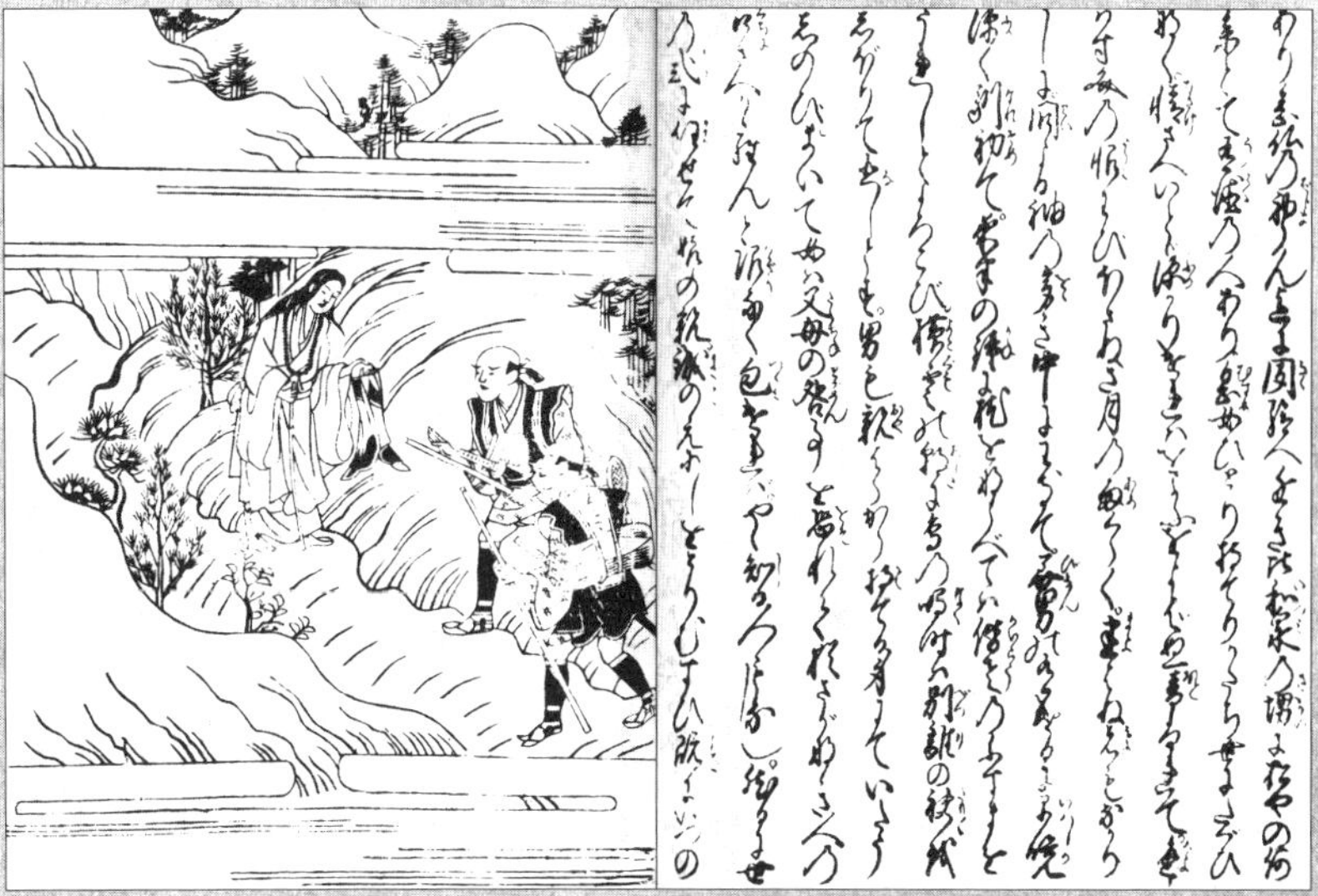

同書巻五の三「沈香合」
箱根の山中で片袖ならぬてぬぐいを渡す幽霊

れる話です。その挿絵は、鬼の姿の女たちに責められる男の困惑を描いたもので、25頁の「両婦地獄」の図像を連想させます。近世はじめの京都で絵解きされていた宗教画（地獄絵）の一場面が、当時流行していた怪異小説に転用され、文芸化される道筋を見出すことができます。

仏教とのかかわりでいえば、巻五の三「沈香合《じんのこうばこ》」は、大阪平野の大念仏寺《だいねんぶつじ》に現存する「幽霊の片袖」にまつわる霊異譚です。心中死した娘が箱根の山中で旅人に愛用のてぬぐいを托すという内容は、『奇異雑談集』の片袖幽霊（180頁）と同系統の怪異譚にほかなりません。ただし片袖をてぬぐいに変えた点は、西村本の創作でした。

このほか巻一の六「火車桜《かしゃのさくら》」、巻三の三「死後嫉妬《しごのしっと》」、巻六の三「焼身往生《じゃしんおうじょう》」などに仏教の影響が認められます。また地方民話との関連では、巻一の四「髑髏言《どくろものいう》」と昔話の「歌うがいこつ」、巻二の九「雁塚昔《がんづかのむかし》」と鴛鴦沼《えんおうぬま》伝説といった類想が考えられます。説話史に占める本書の位置付けには、興味深い点が少なくありません。

現在、『西村本小説全集』上巻（勉誠出版）で全文を読むことができます。ほかに『江戸怪談集』下巻（岩波文庫）に二十五話が活字となって抄出《しょうしゅつ》されています。

コラム4

怖いかわら版

江戸時代の人々にとって、世間の事件や天変地異などを知る有力な手段は「かわら版」と呼ばれた木版一枚刷りの絵草紙でした。現代の新聞の元祖のようなものです。

しかし、その中身は新聞のような事実重視の報道とはほど遠い内容を含んでいました。たとえば、天保九年（1838）秋の京都で売られたかわら版は、但馬国《たじまのくに》（現兵庫県）から京都の商家に奉公にあがっていた下女が鬼になって怪死した風説を伝えています。京都にやって来た女は朝も晩も一生懸命働いて、国元の病夫を養っていました。ところが男はとうに癒えており、あまつさえ若い娘を嫁に迎えて子供まで生まれていたのです。風の噂を耳にした女は血相を変え、奉公先の二階に上ったまま下りてきません。主人が確かめると、髪を乱し口が耳まで裂け角の生えた「鬼女」が、但馬の方角を睨みつけ、立ったまま死んでいたのです。同じ時刻に国元の夫と新妻、子の三人が不慮の死を遂げたといいます。

かわら版の世界は妖怪・幽霊の宝庫でもあったわけです。

天保九年の京都で売られたかわら版（著者蔵）
右端の旧蔵者による書き込みから、留吉という者が天保九年に京都でこのかわら版を手に入れたことが分かる

第4章

人ならざるもの

怪談フィールドワーク④

フィクション化された崇徳院

積善院《しゃくぜんいん》

—崇徳院の怨霊を鎮める「怖い地蔵」—

今回は、聖護院門跡近くの積善院からスタートです。この付近は保元の乱（１１５６）の戦場で、ここ積善院には「人喰い地蔵」という地蔵が祀られています。

地蔵なのに「人喰い」とは恐ろしい名前ですね。保元の乱って確か、平安時代末期に後白河天皇と崇徳上皇（崇徳院）が対立して起きた争いですよね。うろ覚えですが……。

そうです。今回のテーマにもかかわるので、ここで保元の乱について一度簡単におさらいしておきましょうか。左の図をみてください。当時は院政の時代で、皇位を自分の息子などに譲った上皇・法皇が政治の実権を握っていました。１１２３年、幼い崇徳天皇が即位します。この即位には、曽祖父である白河法皇

「人喰い地蔵」。周辺にも多くの地蔵が祀られている

かつては聖護院門跡の院家として事務を代行した積善院

の意向が働いていました。実は崇徳天皇の母親である藤原璋子《しょうし》は、白河法皇が寵愛していた女性。白河法皇は、その女性と孫・鳥羽上皇との子供である崇徳天皇を即位させることによって、後見として院政を行おうとしたのです。これを面白く思わなかったのが鳥羽上皇です。鎌倉初期の説話集『古事談』には、鳥羽上皇と崇徳天皇が対立していた原因として、崇徳天皇が鳥羽上皇の子供ではなく、白河法皇の子であったために、鳥羽上皇は崇徳天皇を「叔父子」と呼んで忌み嫌っていたという逸話が記されています。この噂の真偽は諸説別れるところですが、鳥羽上皇にしてみれば、天皇・上皇として一切実権を握れないまま、白河法皇の隠し子（かもしれない）崇徳天皇に譲位させられたわけですから、崇徳天皇を快く思っていなかったことは事実でしょう。そして、白河法皇が1129年に亡くなると、状況は一変します。

崇徳天皇が白河法皇という後ろ盾を失って、ついに鳥羽上皇が院政を行うチャンスが来たのですね。

そうです。鳥羽上皇は別の女性（藤原得子《とくし》）を入内させ、その間に生まれた近衛天皇を即位させます。こうして、崇徳天皇が上皇と

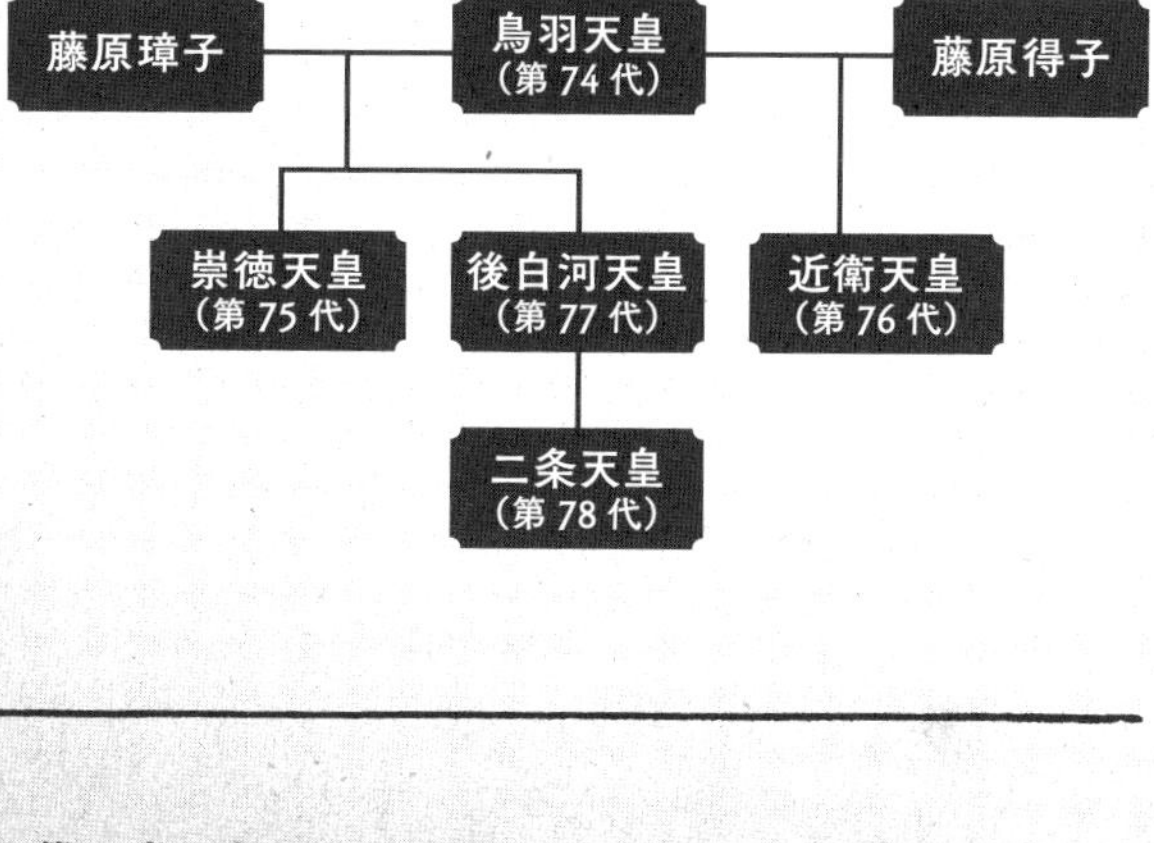

なって院政をするチャンスを奪い、鳥羽上皇が政治の実権を握ったのです。

近衛天皇の死後、後白河天皇が即位しますが、崇徳上皇は政治の実権を奪われたままでした。1156年に鳥羽法皇が死去すると、「崇徳上皇は良からぬことを企んでいる」という噂が流れます。後白河天皇と崇徳上皇という朝廷における対立に、摂関家・源氏・平氏の対立が複雑にからんで起きたのが保元の乱です。結果、崇徳上皇方はわずか一日で敗れてしまい、上皇という身分でありながら謀反人として讃岐に流されてしまいます。

悲惨ですね。その一日限りの保元の乱があったのが、この周辺ということですか。

崇徳上皇方は保元の乱で、白河北殿という白河法皇によって造営された院御所を本拠地としていましたが、後白河天皇方による夜襲で全焼しました。これは現在の京都大学熊野寮付近（左京区丸太町通東大路西入ル南側東竹屋町）から丸太町通を跨いで熊野神社の西側付近に相当すると考えられます。

崇徳上皇の死後、上皇の怨念による祟りによって、京都で飢饉等の異変や戦乱が相次いで発生したということで、後白河法皇は粟田《あわた》宮《ぐう》という社殿を建てて崇徳院の霊を祀ります。鴨川の氾濫で流されてしまったり、焼失してしまったりするのですが、後白河法皇は何度も再建します。法皇の死後、粟田宮は忘れさられてしまい、応仁の乱によって焼失して以後は荒廃してしまったようです。粟田宮の跡に祀られた石仏は、少なくとも1899年頃まで現在の京都大学医学部附属病院付近にあったと考えられます。病院建設にともなって、地蔵尊がここ積善院に移されました。一方で病院構内には崇徳院宝物塚、装束塚が残ったともいいます。

それにしても、なぜ「人喰い」なのでしょう。

ちょっと拍子抜けしてしまうかもしれませんが、江戸時代の名所記『山城名勝志』（1711刊）では、「すとくいんじぞう」が「しゅとくいんじぞう」「しゅとくい」「ひとくい」……と訛って呼ばれるようになったと説明しています。積善院には数体地蔵が祀られており、当時は鴨川の氾濫も頻繁にありましたから、具体的にどれが後白河法皇が祀った地蔵だ、とは特定しづらい状況ですが、崇徳院の怨霊を恐れる民衆から生まれた伝承のひとつの形として捉えることができます。

後白河法皇の崇徳院を恐れる気持ちが、人喰い地蔵を産んだのでしょうか。

後白河法皇は熱心に崇徳院を祀る御影堂や粟田宮を建てましたが、恐れる気持ちが大きかったということに加え、都に天変地異を起こす怨霊を鎮める立場にあるのは自分、つまり為政者であるということをアピールする役割もあったかもしれませんね。

保元の乱から時代が下って、鎌倉時代初期の成立かといわれている『保元物語』は、保元の乱を題材にした軍記物です。それによると、崇徳院は配流後、朝廷のあまりの仕打ちに激怒し、髪も切らず爪も切らず食を断ち、生きながら天狗のような姿となり、恨みの念を一心に凝り固まらせ、ついには「日本国の大魔縁とならん」と宣言し、舌を噛み切って流れる血潮で呪いの誓文を書いたとあります。

後白河法皇が祀った地蔵がどれか特定は難しいが、粟田宮があった周辺には現在まで多くの地蔵が残されている。写真は、現在実験動物供養として祀られている地蔵（京都大学医学部構内）

真正極楽寺（真如堂）

―玉藻の前の「怖い地蔵」―

さて、ここ真如堂にも不思議な地蔵が祀られています。名前は「鎌倉地蔵」。『鎌倉地蔵菩薩略縁起』（1812刊）や『真如堂略縁起』（刊行年不明）によると、下野国那須野ガ原（現栃木県那須岳）に約3mの怪石があり、往来の旅人が知らずにこれに寄りかかって休もうとすると、寒気がして心持ちが悪くなり、動物や虫などがこの上を通るときにはことごとく狂い死にしたといいます。この怪石は「殺生石《せっしょうせき》」と名づけられ、「玉藻の前の怨念だ」と恐れられました。

「玉藻の前」とは誰ですか。

玉藻の前は、先ほど登場した鳥羽天皇の寵妃とされる伝説上の美女で、藤原得子がモデルともいわれています。この玉藻の前の正体は九尾の狐で、政治を乱し人々を悩ませます。安倍晴明（安倍泰成、安倍泰親などとも）が占い、「鳥羽天皇に狐が憑いている」と見破ります。すると玉藻の前は狐の姿になって行方をくらませ、下野国那須野山に逃れます。これを追いつめた武士が射殺すと、九尾の狐は巨大な毒石に変化し、近づく人間や動物の命を奪うようになったという伝説です。

殺生石からつくられたといわれる鎌倉地蔵。
殺生石の伝説は各地に残るが、地蔵の形を取っているのは珍しい

その石が「殺生石」となるわけですね。

そうです。『鎌倉地蔵菩薩略縁起』の続きをみていくと、「玄翁《げんのう》和尚」（1326〜96、源翁とも）という曹洞禅の高僧が殺生石を鎮めるため経を唱え、杖で石を打つと、石は三つに割れて成仏し、怪事はおさまります。その石を使って地蔵を彫り、鎌倉で小堂を建立して安置したといいます。ちなみに、今でも石をくだく鉄の道具を「ゲンノウ」と呼びますが、その語源はこの話です。

案内版には「無実の罪を晴らす」などのご利益が。真如堂執事の本郷さんによると、「玉藻の前伝説から、最終的に成仏する→恨みつらみが晴れる→濡れ衣が晴れるに転じたのでは」

それでこの地蔵が「鎌倉地蔵」と呼ばれるのですね。なぜ京都にあるのですか。

甲良豊後守《こうらぶんごのかみ》（1574〜1646）という人物の夢にこの地蔵が出てきて、「京都の真如堂に移りたいから助けてくれ」というお告げをしたため、鎌倉からここに移したとあります。

甲良豊後守の墓

なんだか突拍子もない話ですね。

この甲良豊後守という人物は、もと近江国犬上郡甲良荘（現滋賀県）の領主で、1596年に伏見へ行き家康に仕えた後、京都でも大工や石工を束ねる大棟梁として活躍しました。公卿に気に入られて吉田神社の社殿造営に携わったことで「豊後守」の称を許されます。1604年にははじめて江戸に下り、家康、秀忠、家光に重用されます。日光東照宮を造営したことでも有名です。今風にいえば、建設大臣といったところでしょうか。晩年、近江に帰ったのですが、甲良家は真如堂の檀家だったため、甲良豊後守の墓も現在真如堂にあります。数々の幕府直轄寺社・城郭造営に携わった大棟梁・甲良豊後守は多くの石材技術者を束ねる地位にありました。こうした石材技術者たちの間には、工事の安全祈願として、また「ゲンノウ」という道具の守護神として、玄翁和尚を信仰する動きがありました。当時の建築物は巨石を大量に使います。特に石の切り出し、加工は大変な危険をともなうので、殺生石をも退ける法力を持った玄翁和尚が、石工の職業神として崇《あが》められたのです。栃木にあったはずの殺生石の伝承が、石工たちの統括者・甲良豊後守の墓があるここ真如堂に帰着するということも不思議ではありません。

なるほど。ところで「玉藻の前」伝説はいつ頃からあるのでしょうか。

成立は室町時代前期以前であると考えられており、古くは十四世紀後半頃に成立した史書『神明鏡』などにみられますが、玉藻の前の物語は江戸時代に入ってから大流行します。玉藻の前を題材とした多くの小説が書かれ、人形浄瑠璃においても取りあげられました。特に注目したいのが、『玉藻前《たまものまえ》曦袂《あさひのたもと》』（1751初演）です。玉藻の前伝説が扱われているのはこれまでの演目にもありましたが、この演目の新しいところは、鳥羽帝の御世に、天下を横領しようとたくらみ、兵を挙げる帝の兄宮「薄雲皇子《うすぐものおうじ》」というキャラクターが登場するところです。1806年に改作され、『絵本増補玉藻前旭袂』と名を変えて上演されますが、このときには薄雲皇子が妖狐玉藻の前とかたらう趣向を加え、妖魔一味の同盟を仕組んでいます。この薄雲皇子は明らかに崇徳院がモデルと考えられます。後白河法皇の死後人々の記憶から薄れていた崇徳院の怨霊が、江戸時代、こうした演劇によって「魔王崇徳院」として再び蘇ったのです。ほかにも浄瑠璃の『崇徳院讃岐伝記』（1756初演）には、天狗道に堕ちた崇徳院の姿が細か

く描写されていて、怨霊としてのイメージを民間に広める役割を果たしました。

保元の乱後、後白河法皇が恐れていた生々しい崇徳院の怨霊とは違い、江戸時代に入るとフィクションの中の恐ろしいキャラクターとして認識されるようになったのですね。

そうですね。江戸時代は怪異が創作され、作品となって流行する時代だったわけです。さて、次の場所では上田秋成（58頁参照）の『雨月物語』に登場する崇徳院を紹介しましょう。秋成作品は歴史系怪談の最高傑作です。

西福寺

―西行と崇徳院の亡霊―

南禅寺近くにあるここ西福寺は、秋成の墓があるお寺です。秋成の『雨月物語』（1776刊）の冒頭に、「白峯」という話が登場します。

そこに崇徳院が登場するのですか。

西福寺では、毎年忌日の六月二十七日前後に「秋成忌」が催されている

はい。出家前に崇徳院に仕えていた西行（1118〜90）という僧が、白峰（現香川県坂出市）の崇徳院の墓を訪ねます。夜になると、異形で背が高く痩せ衰えた人物が姿をあらわし、「墓の前で西行が詠んでくれた歌に返歌したい」といいます。西行はこれこそ崇徳院の亡霊だと悟り、成仏するよう説くと、崇徳院の亡霊は「最近の世の乱れは私が引き起こしている、これからも災いを起こしてやろう」と笑います。仏の教えにもとづいて何とか崇徳院を成仏させようとする西行と、仏法の救済を嘲笑し、朝廷や平家一門に対する恨みごとを続ける崇徳院の問答が続きます。

それで、崇徳院は成仏できたのですか。

崇徳院が西行の進言を受け入れたのかどうか、秋成は結末を曖昧にしています。ただし、話の末尾に崇徳院の予言通り源平の争いが起きて平氏が滅亡したことを述べ、歴史上の事実を怨霊の祟りに結びつけています。「白峯」は『保元物語』をもとに脚色して創作された小説ですが、崇徳院怨霊を主人公にした小説は秋成が最初でした。

なぜ、秋成は崇徳院を題材に選んだのでしょうか。

まず、先ほど説明したように、当時の演劇において「魔王崇徳院」のイメージが普及していたという背景があります。こうした演劇の崇徳院像というのは、史実に厳密に沿っているものではなく、ある意味では積善院の「人喰い地蔵」と同じレベルでの、人々の間にある通俗的な伝承にもとづいて作られていました。

秋成のお墓ですが、これは何の形ですか。

蟹の形です。これは秋成が「無腸」という号を用いていたことによります。秋成は世の中を斜めにみるタイプの作家で、少しひねくれたところがあります。幼い頃に疱瘡《ほうそう》にかかり、指が変形してしまったため、自虐的に蟹を意味する戯号を用いたとされます。それは蟹のハサミと自分の指を重ねる表現でした。さらにまた、蟹は横に歩くところから、「私も世の中をまっすぐには歩きませんよ」といっ

▲秋成の墓
▶墓の台座は蟹の形になっている

た、作家としての姿勢を示す意味もあったようです。このような号をあえて選んだ秋成の人となりについては、自作の俳書『也《や》哉鈔《かなしょう》』（1787刊）の序文に出てきます。

秋成が生前に作らせた像。秋成と親交のあった粟田口陶工の方観（初代高橋道八）作。手を懐に入れていた姿に秋成の内面が重なる

ちなみに「無腸」以前の号としては、「漁焉《ぎょえん》」を使っていました。手の変形のせいで習字が苦手だったため、子供の頃いちばんはじめに習う「漁」という字と、最後に習う「焉」という字を組み合わせて「漁焉」という自嘲的な号にしたとも考えられます。

苦手なものやコンプレックスのあるものをあえて号に用いたのですね。

睦月ムンクさんと「フィクションにおける怪談」を考える

歴史のビジュアル化

今回の怪談スポットめぐりの最後に、京都市在住のイラストレーター・漫画家で、京都精華大学人文学部堤研究室の卒業生でもある睦月ムンクさんと、崇徳院伝説を中心に、フィクション（文学・マンガなど）における京都怪談文芸について考えてみたいと思います。睦月さんは、夢《ゆめ》枕《まくら》獏《ばく》さん原作の『陰陽師』のコミカライズ（左頁①）や、『雨月物語』の児童書のイラスト（②）を担当するなど、平安～江戸時代の人物をよく描いているよね。崇徳院のビジュアルは、江戸時代に崇徳院をモデルにしたキャラクターが人気を博して、浮世絵が描かれるようになって定着していったと考えられるけれど、睦月さんは人物をビジュアル化するにあたって、気をつけていることはありますか。

睦月ムンク氏（左）と著者

❖睦月ムンク　イラストレーター・漫画家。京都在住。2003年「ファイアーエムブレムTCGユグドラルアンソロジー」（NTT出版）で商業デビュー。コミック連載、装画・挿絵・イラスト、ゲーム・各メディアキャラクターデザイン等、各媒体で活動中。2014年度より嵯峨美術大学短期大学部客員准教授に就任。近年代表作に『陰陽師－瀧夜叉姫－』コミック連載全8巻、『遺跡発掘師は笑わない』シリーズ（原作：桑原水菜／角川文庫）装画・コミック連載、旧嵯峨御所大本山大覚寺・いけばな嵯峨御流 平成三十年戊戌法会記念出版事業作品『新嵯峨野物語』（著：藤川桂介／淡交社）連載挿絵・装画、画集『結-Musubi-』（パイインターナショナル）等。

歴史物の作画は大変ですね。やはり衣装には気を使います。『陰陽師』のマンガを描くときは、葵祭・時代祭・稲荷祭・吉田追儺《ついな》式などの装束を調進されている装束店さんに取材しました。『陰陽師』では、お化けや妖怪を描くというよりは、恨みや怨念など、人為的な負の連鎖で生まれた不幸を中心に描きました。陰陽師も超常現象を起こす魔法使いではなくて、普通の人と違って「やり方」を知っている、今でいうところのマジシャンみたいな気持ちで描いていましたね。崇徳院も、政

①『陰陽師　瀧夜叉姫』シリーズ
2013〜16年 徳間書店
夢枕獏／原作 睦月ムンク／漫画

②『講談社青い鳥文庫 雨月物語 悲しくて、おそろしいお話』
2017年 講談社 上田秋成／原作 時海結以／文　睦月ムンク／絵

③『百鬼夜行少年 アンソロジーイラスト集』
2017年 パイインターナショナル

治の世界で憎み・憎まれという関係からはじまった怨霊伝説という意味では似ているかなと思います。

当時の風習や景色なども調べるの。

平安時代の貴族社会の風習は、方違えなど非常に細かい。『陰陽師』はこういう部分に直接関連してくるので調べますが、興味深いですね。別のお仕事で、鳥山石燕《とりやませきえん》の妖怪画をもとに、様々なイラストレーターさんが絵を描き起こすイラスト集にも参加したのですが（前頁③）、そのときは趣向を変えて、裏設定的に現代の京都の景色を描きました。現代の「羅城門跡」のある公園に、コンビニの袋を持っている渡辺綱《つな》を描いたり、琵琶を持っている源博雅《ひろまさ》を入れたりして、遊び心のある絵になりました。たまたま取材に行った日にいた現代のおじさんも入れています（笑）。

古いものと当世風のもの、面白いものをまぜこぜにして描いてしまうという発想は、江戸時代の浮世絵にも似ているね。

一人称の物語

秋成の『雨月物語』で面白いと思うのは、一人称で物語が語られるところ。崇徳院にしろ、後白河上皇にしろ、『保元物語』など古い物語や記録では、「〇〇という人物が～した」という風に、「三人称」で描写されることが多い。琵琶法師など、芸能として語られた物語ではセリフのような部分も出てくるけれど、やはり地《じ》の文がメイン。ところが、『雨月物語』の「白峯」では、崇徳院が自分の思いをセリフにして話す。

キャラクター個人が意思をもつということですね。現在の小説や演劇もそうですが。個人に特別なストーリーが付与されている。

江戸時代の小説でも三人称が多い中、『雨月物語』では一人称を採用しているんだよね。秋成は演劇好きで、能にも影響を受けているのだろうけど、面を外して激しく感情をあらわす歌舞伎に特に影響を受けたのではないかと思う。歌舞伎は面を外すことで、「一人称」がより明確になっているから。

絵を描いている身として、能はイラスト的（静的）で、歌舞伎はマンガ的（動的）だなと感じます。「ワンピース歌舞伎」など、マンガとコラボした歌舞伎も生まれていますが、やはり歌舞伎のほうがそういったものを取り入れやすいのかなと。

武士や貴族に支持された能に対して、歌舞伎は庶民に受け入れられた芸能だから、もともと雑多なものを取り込める器があったというのもあるね。

フィールドワークから分かること

私は堤先生の研究室に在籍していた頃、日本中世の歴史と説話を専攻していましたが、かなり自由に研究させていただきました。日本各地にフィールドワークで連れて行っていただいたり、自分でも行ったりしていた経験が、現在の仕事にも生きていると思います。先生はフィールドワークを推奨されていますよね。

文献的に証明できないことでも、フィールドするとみえてきたりするからね。

京都はそういう意味では、考古学的にも歴史的にもミルフィーユ状になっていて、奥が深いですよね。

今回まわったスポットは特にディープだった。京都はそんなに広い範囲を歩きまわっているわけじゃないのに、かなり深いところまで届くということが面白い。

今日まわってみて、崇徳院を描いてみてもいいなと思ったんですが、崇徳院関係を描くときは、祟られないように心して描かないといけませんね。『陰陽師』のコミカライズで平将門を描いた際には、連載中に東京に出張する機会があり神田明神に参ったのですが、その夜から調子が悪くなってしまって。その後に、堤先生に「神田明神に足むけて寝てたんじゃないの？」っていわれましたよね。祟られたのかな、と思ってしまいました。

そんなこともあったね（笑）。江戸の怪談文芸も当時からすればフィクションですから、今回は現代京都で盛んになっているマンガ・イラストの分野で活躍する睦月さんに話を聞けてよかったです。

こちらこそ、勉強になりました。今後も京都の歴史にかかわる仕事に携わることになったら、堤先生の研究室で学んだことを生かしていきたいです。

※注

❖**『山城名勝志』**　二十二巻からなる地誌。元禄年間（1688～1704）に実地踏査を行い、神社・仏閣・名所旧跡の由来、縁起等を記したもの。当時の現状と古書の記載との相違を考証した結果が随所に取り入れられている。

❖**『保元物語』**　三巻からなる軍記物語で作者未詳。保元の乱のありさまを和漢混交文で記したもの。琵琶法師によって語られ、保元の乱で崇徳上皇方につき、敗れて伊豆大島に流された源為朝の活躍を中心として写実的に描かれる。『平治物語』とともに戦記物語の先駆的作品。

❖**『雨月物語』**　1768年成立、1776年刊の上田秋成による読本。和漢の史伝、説話に出典を取った怪異小説集。1808年頃に成立した『春雨物語』とともに、初期読本の代表作。作者の秋成は1734年、大坂曾根崎に生まれ、堂島の紙油商へ養子へ入る。俳諧・和漢の古典などを学び、漢学・国学にも通じた。三十代に天満の読本作家・儒学者・医師である都賀庭鐘《つがていしょう》に、これまでの文語体ではなく口語体を用いた小説を教えられ影響を受ける。後を継いだ紙油商が火災にあうと、淀川区加島に移り医学を学ぶ。その後四十代で大阪市中央区高麗橋付近に移り医療を続け、その頃に『雨月物語』を上梓した。

❖**『也哉鈔』**　秋成の俳書。門弟による序文から秋成の人物像がうかがえる。秋成の行動は「当世にたがひぬ、人皆云、白眼の徒也と」と評され、世俗の流行と常に距離を置く性癖ゆえに、「白眼の徒」（世の中を皮肉な目で冷笑する知識人）と呼ばれていたことを伝える。なお、無腸（蟹）の号に関係の深い秋成の和歌に、「津の国のなにはにつけてうとまるる　芦原蟹の横走る身は」（『藤簍冊子《つづらぶみ》』）というものがある。「大坂の難波生まれの自分は何につけても人に疎まれることが多い。まっすぐ前に進まず横歩きばかりする蟹ではないが、いつも人とは違う生き方をしてきたせいだろう」の歌意。

❖**方違え**　陰陽道で、外出するときに一定の方角を凶として避け、前夜、ほかの方角で一泊してから目的地に行くこと。平安時代に盛んに行われた。

❖**鳥山石燕の妖怪画**　鳥山石燕による『画図百鬼夜行』ほか。鳥山石燕（1712～88）は、妖怪画を多く描いたことで知られる画家・浮世絵師。その妖怪画は後世の画家たちにも多くの影響を与えている。漫画家・水木しげるの妖怪画も石燕作品に取材したものが多く、現代の日本人のもつ妖怪のイメージの多くが鳥山石燕によるものといっても過言ではない。

❖**渡辺綱**　953～1025。京の鬼同丸や大江山の酒呑童子、羅生門の鬼を退治した伝説がある。

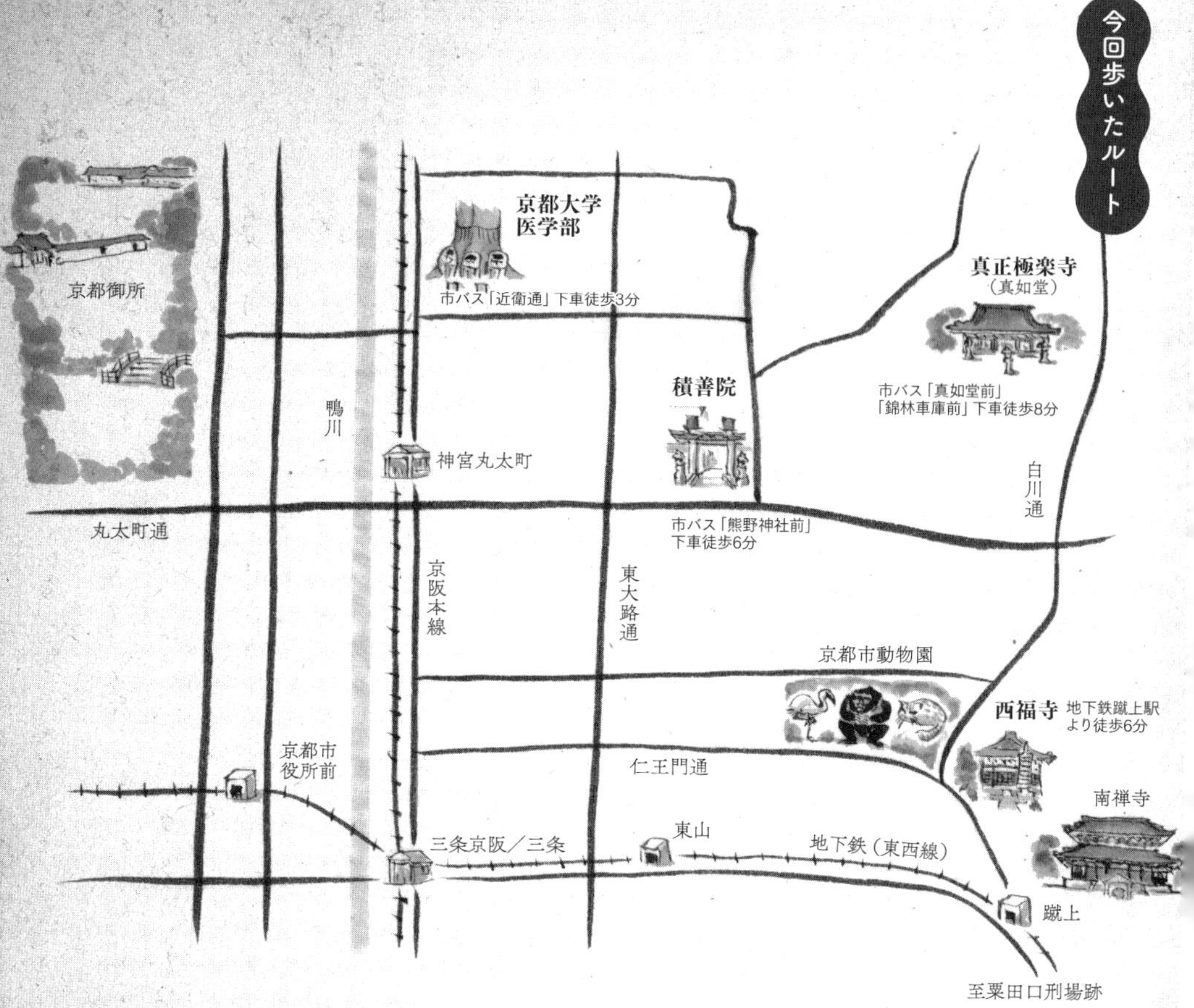

京の堀川に架かる一条戻橋で女に化けた鬼に出会い、髪を掴まれたのでその鬼の腕を名刀鬚切で切り落とし事なきを得たが、その後安倍晴明の勧めにより七日間閉門して慎んでいたところ、養母に化けた鬼がやってきて切られた腕を取り返したという話が有名。

❖**源博雅** 918?〜980。公卿・雅楽家で、琴・琵琶・箏・笛などの名手。朱雀門の鬼と笛の合奏をしたなど伝説的な逸話が多く残る。夢枕獏著の小説『陰陽師』では、主人公の安倍晴明のパートナーとして登場する。

湖を渡る疫病神

尊勝院《そんしょういん》ほか

疫病除けの護符

烏丸通仏光寺を西に入ってすぐ南側に、俳人・与謝蕪村《よさぶそん》（1716〜83）の終焉の地を示す碑が建っています。上田秋成《うえだあきなり》（1734〜1809）と同時代を生きた蕪村の句には、河童《かわたろ》の恋や髑髏《どくろ》と狐火といった怪奇趣味を垣間見ることができます。たとえば次の句は、目にみえない疫神が都から追い払われる姿を幻視したものです。

ゆく春や　横河《よかは》へのぼる　いもの神

春の間大流行していた「痘《いも》」（疱瘡《ほうそう》）もやっと終息となる、これも比叡山の元三大師《がんざんだいし》符のおかげに違いない、今頃疫神どもは、横川の元三大師堂に呼ばれて懲らしめられているのだろう、という意味です。

平安の昔より人口密集地の京都は、たびたび悪疫の流行に悩まされてきました。そこで病魔を封ずる呪符のたぐいが日常生活に近しいものとなったのです。とりわけ疱瘡に効力があるとされたのが、横川の慈恵《じえ》大師・良源（912〜985）の絵像と伝える元三大師符

（角《つの》大師とも）でした。

良源は第十八世天台座主《ざす》となった平安時代の高僧で、延暦寺中興の祖と崇められています。「元三大師」の俗称は、985年の正月三日に亡くなったことにちなんでいます。

近世前期の『元三大師縁起絵巻』（寛永寺蔵、1679〜80成立）によると、永観二年（984）都に疫病が蔓延したとき、良源自身も病に倒れ、命が危うい状態に陥りました。しかし、法力によって疫神を退け、さらに鏡に映った骨と皮ばかりの病身の姿を絵像に写させ、厄除けの護符にしたといいます。ここから、いわゆる「角大師」のお札を家の戸口に貼れば、疫病はもとよりあらゆる災いを防ぐと信じられるようになったのです。

すでに鎌倉期の『元亨釈書』（1322成立）に魔除けの大師絵像が流布していたことが記されていますが、下って江戸時代には、「降魔の眉」の伝承も知られていたようです。これは良源の眉の端に生えた長い眉毛に魔払いの特異な霊力がある（『日次紀事《ひなみきじ》』など）という俗信で、護符の「角」のようにみえる部分は「降魔の眉」を図案化したものと説明しています。

元三大師の信仰は、江戸時代以降、良源の崇拝者であった天海という僧により関東へもたらされ、埼玉県川越市の喜多院・東京都調布市の深大寺《じんだいじ》・栃木県佐野市の惣宗寺《そうしゅうじ》（通称「佐野厄除け大師」）においても、角大師の護符を配布する習俗が拡散していきました。

もちろん、比叡山横川や洛中の諸寺が元三大師符の配布拠点となっていたことはいうまでもありません。『京羽二重《はぶたえ》』（1705刊）によれば、粟田口の尊勝院、寺町今出川の廬山《ろさん》寺、吉田山南の真如堂（真正極楽寺）、西洞院仏光寺下ルの菅大臣神社などから角大師の厄除け呪符が出ていたといいます。民間に行き渡ったこのような病封じの信仰に材を得て、冒頭の蕪村の句が発想されたわけです。

渡し舟に乗る疫神

都を脅かす病の悪神は、外界より侵入して、季節が変わればまた外界へと去るものと考えられていました。行疫神《ぎょうやくじん》（疫病神《やくびょうがみ》）の呼称は、移動する病魔の性格をよくあらわしています。次に紹介する『万世百物語』（1751刊）巻四「疫神の便船」は、そのような行疫神の醜怪な姿を垣間見てしまった船頭の話です。

時は天正八年（1580）、世の中に流行病が蔓延し、多くの死人が出た頃の話です。近江の瀬田（滋賀県）あたりの船着き場に一人の若い女があらわれ、「草津まで渡して欲しい」といいます。女は都の者とみえて気品のある物腰でした。すでに未の刻（午後二時頃）になっていましたが、すぐ近くのことなので船頭はふたつ返事で船を出しました。

向かい風とはいえ、それほどの難風でないにもかかわらず、何故か船は波に揺られるばかりで、いっこうに進みません。水しぶきを避けるため女は苫《とま》（むしろ）をかぶって伏していましたが、時の経つうちにすっかり寝込んでいびきをかいています。

船頭が何げなく女の方をみると、苫がぺしゃんこになっていて下に人のいる気配がありません。怪しんで取りのけてみると、そこには沢山の蛇が重なり合っていました。あまりの怖ろしさに、背すじがぞっとして冷や汗がとまりません。

何とか船を漕ぎ、岸辺近くまで辿り着いたので、船頭は声をかけました。ところが、目を覚ましてそこにいるのは先ほどの女です。船賃を取ろうとすらしない船頭の様子をみて、微笑みながら女が訊ねます。「どうか、なされましたか」。隠しとおせないと観念してみたままを話す船頭に対して、女は笑みを絶やさぬまま、恐るべき事実を告げ知らせるのでし

『万世百物語』(国立国会図書館蔵)「疫神の便船」挿絵
琵琶湖の渡し舟に乗り込んできた女は行疫神だった

た。「さては、みたのですね。このことは絶対に人にいってはなりません。わらわは蛇疫の神じゃ。かくして都を出て、草津の里に入るところである。これから一か月ほど留まり、そののちほかの場所へ向かおうと思いおるのじゃ」。

そういうと疫神は竹の繁みへと姿を消したのでした。その年の夏、草津の一村が流行病の難にあい、七百人以上の民が命を失ったのでした。今思うと同じ年の春に京で多くの死者が出たのも、あの行疫神のせいだったのでしょう。夏より後、洛中洛外の病人が一人も出ていないのは何よりの証拠です。

艶女に化身する蛇形の行疫神、そして渡し舟に乗り諸国を移動する病魔。それらの心象が江戸怪談にフィクション化された背景には、角大師に象徴される厄除け信仰の広まりがありました。怪談は、民俗と創作のはざまに生まれるものです。

さて、春のおわりに都を追われる痘《いも》の神を描いた蕪村でしたが、別の句では、夏を過ぎ自身の体から離脱する病魔の幻影を表現しています。

病起《やみおき》て　鬼をむちうつ　今朝の秋

逃げる疫神の背中に復讐の一撃とは、何とも江戸時代の作者らしい戯笑にみちた句ではないでしょうか。

絵馬の怪

御香宮神社《ごこうのみや》

御香宮の猿

近鉄京都線の桃山御陵前駅の東に、御香宮神社という古社があります。神功皇后《じんぐう》を主神に祀る由緒ある神社で、豊臣秀吉の時代に伏見城内の大亀谷《おおかめだに》に移され鬼門除けの守護神となっていました。その後、慶長十年（１６０５）に徳川家康の命により旧地である現在地に戻され、今に至っています。

本殿の脇に湧き出す霊井「御香水」の名所として知られる当社は、古絵馬の奉納が盛んで、江戸初期のものも含め、百数十の額絵が拝殿横の絵馬舎に所蔵されています。特に正保三年（１６４６）に納められた「猿曳きの絵馬」は、あまりの出来ばえのせいか、絵の猿が夜な夜な額絵を抜け出して近所の畑を荒らすようになったといいます。怒った住民が鎌で切りつけたところ、翌朝、絵馬の猿の手が切り落とされて無くなっていました。それからは、二度と出歩かないようにと、絵馬を金網で囲うことになったそうです。

絵姿美女の妬み

『伽婢子』「絵馬之妬」挿絵
女房が女の童に嫉妬する場面

御香宮の絵馬については、さらに艶めかしい怪異談があります。浅井了意の『伽婢子《おとぎぼうこ》』（1666刊）巻七の一の「絵馬之妬」がそれです。

文亀年間（1501～04）のことです。九月も末のある秋の日、京都七条あたりの商人が奈良からの帰り路、御香宮の近くを歩んでいました。伏見の里に着く頃にはすっかり陽が落ち、人影もまばらなうえに、山陰に狐火がちらちらと輝き、狼の声さえ聞こえるありさまです。夜道の心細さを不安に思った商人は、帰京を諦め、今宵は御香宮の拝殿に泊まることにしました。

ゆらめく灯明のもとに伏して、しばらく微睡《まどろ》むうち、枕元に人の気配を感じて目を覚ましまます。そこには青い直衣《のうし》に烏帽子姿の男が立っていました。「これより高貴な御方がお遊びになられる。も少し片隅に退いておれ」。居丈高なもの言いを訝しく思いながら、そっと様子をうかがっていると、やがて女《め》の童《わらわ》を召し連れた美しい女房がゆっくりと拝殿に上がってきます。女は口元に笑みを浮かべて商人に言葉をかけました。

「そこにおられるのは旅のお方のようですね。そのような片隅で一人夜を明かすのは、さぞかしお寂しいことでしょう。遠慮せずともよい。ここにいらっしゃい。ともに酒宴に興じましょう」。おそるおそる傍に寄ってよくみれば、女房の艶色はこの世のものとも思えないほどです。また、侍女の女の童もことのほか可愛らしく、気品にみちています。商人は夢のような心地がして、思わずうっとりとしてしまいました。

女たちの奏でる琴の連れ弾きに盃を重ねるうち、商人はしたたかに酔ってしまいました。ほんの戯れに女の童の手を取って握ると、相手もにっこり笑って握り返してくるではありませんか。「何という幸せ！」。至福のときに感じ入るその刹那、先刻から二人の淫らな様子を睨みつけていた主の女房の顔色が変わり、嫉妬に満ちたまなざしで、

あやにくに　さのみな吹きそ　松の風
わがしめ結《ゆ》ひし　菊のまがきを

と詠むが早いか、傍にあった盃の台を女の童めがけて投げたのです。少女の顔は血にまみれ、着物の襟も真紅に染まります。あまりの出来事に、商人は気が動転し、立ち上がろうとしたところで夢から覚めました。

次の朝、神殿の壁に掛かった沢山の絵馬をあらためたところ、その一枚に琴の連れ弾きに興じる女房・侍女と直衣の公卿が描かれていることに気付き慄然とします。しかもよくみると、女の童の顔の部分がひどく潰れていました。「あれは、絵馬を抜け出した美女たちとの狂宴であったのか！」。商人はすべてを悟り、絵姿の女の妬み心に舌を巻き身振いしたのでした。いったい誰の手によって描かれた絵馬だったのでしょうか。謎は残ります。

造形美術と怪談

絵馬にまつわる怪談の流れをたどってみれば、天王寺の僧・道公の話などが思い起こされます。道公は旅の途中、とある絵馬堂で一夜を明かします。すると夢に疫神があらわれ、

「馬の足が折れ、乗れなくなって困っている」と訴えかけてきました。翌朝確かめてみると、絵馬に描かれた馬の足の部分が割れていたので、これを直して疫神を助けたという話です。道公説話は、十一世紀半ばの『法華験記《ほっけげんき》』を初出として、さまざまな書物に引かれ流布しました。『伽婢子』と同時代の絵入通俗本では、『本朝寺社物語』（1667刊）に「絵馬神」のタイトルで紹介されています。

一方、絵の中の美女との色恋沙汰を扱う奇談についていうなら、京都の俳諧師・青木鷺水《あおきろすい》の『御伽百物語』（1706刊）巻四の四「絵の婦人《おんなひと》に契る」などが思い浮かびます。

このほか、落語「応挙の幽霊」に出てくる、幽霊画から抜け出してきた死美人の話、あるいは歌舞伎の『京人形』に脚色された左甚五郎作の踊る生人形などは、いずれも命のない絵画・彫刻のたぐいに精魂が入り、人間なみに恋心を抱き、深い情愛や妬みの感情を吐露する奇談でした。この種の話のおおもとには、絵の女に惚れ込んだ中国唐代の道士・趙顔《ちょうがん》の哀話（『輟耕録《てっこうろく》』1366序）などの影響を考えておく必要があります。いずれにしても、了意の描いた御香宮の絵馬女房と同じように、ヒトガタの怪を語る近世怪異談の塊《かたまり》が種々のバリエーションをみせながら流伝していたわけです。

洛南、御香宮の「絵馬が化けて出る不思議な時空」。京都の怖い美術の世界を垣間見ることができます。

鬼に灸られる女

誓願寺

境内地としての新京極

多くの商店や映画館で賑わう新京極は京都有数の繁華街です。しかし時計の針を明治初年の再開発以前に巻き戻したなら、周辺の雰囲気は今とずいぶん違ったものになるでしょう。なぜなら、そこは誓願寺を中心とした巨大寺院の境内地だったからです。

浄土宗西山《せいざん》深草《ふかくさ》派《は》の総本山である誓願寺が、上京区の元誓願寺通小川西入ルより現在地に移転したのは、天正十九年（１５９１）のことでした。当時は塔頭十八坊を擁する広大な寺院でした。江戸初期には、落語の祖といわれる安楽庵《あんらくあん》策伝《さくでん》（１５５４～１６４２）が住職を務めていました。その関係から、現在も落語や語りの会が誓願寺の本堂においてしばしば開かれています。１５４頁で紹介する怪談朗読団体「百物語の館」も、こうした伝統文化をふまえて誓願寺でよくイベントを開いています。

現在六角通を隔てた北側にある誓願寺墓地には、日本初の人体解剖を行った医師・山脇《やまわき》東洋《とうよう》（１７０５～６２）の墓をはじめ、公家や上層町人の供養塔も多く、かつての大寺の威容を偲ぶことができます。

東洋は死刑囚の遺体で人体解剖を行っていましたが、田中緑紅《りょくこう》の『京の怪談』

（1969刊）に東洋の話が登場します（「死刑囚の幽霊」）。ある晩、東洋の夢枕に無実の罪で処刑された男の霊があらわれ、「死刑にしたお上より、自分の五体を切り刻んだあなたが憎い」と恨みをいいたてました。そこで東洋は、この死刑囚の供養のために胎内に五臓を供えた阿弥陀如来像をこしらえ、誓願寺に納めたといいます。この大きな仏像は、幕末の禁門の変（1864）の際に惜しくも焼失したそうです。

こうした怪異談が誓願寺にからめて語られた理由には、念仏道場でもあったこの寺を「冥府に通ずる特別な聖地」と説く仏教説話の伝統がかかわっていたと考えられます。地獄のありさまを幻視してしまった人々の体験談に話を進めましょう。

鬼卒の幻想

『諸国百物語』（1677刊）巻五の二「二桝をつかひて火車にとられし事」に、誓願寺阿弥陀堂前の「如来の庭」で不思議な光景を目撃した巡礼者の話がみえます。

西国三十三所を巡る者が、ある夜、如来の庭で燃えさかる火の車に出会います。男の目の前で牛頭馬頭《ごずめず》の鬼が四十ばかりの女を車から降ろし、責め苛《さいな》んではまた車に乗せて西の空へと消えたのです。驚いて跡をつけてみると、火車は四条堀川のほとりの米屋の中に入って行くではありませんか。「何かある」と思い巡礼者は店の者に様子を尋ねます。「こちらの奥様が四、五日前よりにわかに患《わずら》いつき、昼夜に三度『全身が焼ける』と叫び苦しむのです」。巡礼者は事情を察し、自分がみたままを告げました。米屋の亭主は横手を打ち、人にいえない女房の悪事を白状したのです。

「実はうちの嫁はたいそう欲の深い女で、常日頃から米を量り売りするのに、大きさが微妙に違う大小のふたつの枡を人知れずに使い分け、買い入れるときは大きい方、また売るときには小さい枡を用いて暴利を貪《むさぼ》っていたのです。何度も止めるようにいってきかせたのですが、聞く耳を持ちませんでした。その罰を受けて、生きながら地獄の鬼に責められる苦しみを味わうことになったのでしょう」。

この出来事をきっかけに、米屋の亭主は出家して僧侶となり、諸国行脚の旅に出ました。また、女房の方は病が重くなり、程なくしてこの世を去ったのでした。結局、米屋の跡目を継ぐ者もなく、血筋が絶えてしまったといいます。

二枡を使う悪賢い商人が地獄に堕ちる話は、古く平安時代の『日本霊異記《りょういき》』（822頃成立）や『地獄草紙』（十二世紀末）などにも描かれており、仏教説話の定型となって説法僧の布教活動を支えていました。

江戸時代の説教本においても、たとえば『礦石集《こうせきしゅう》』（1693刊）巻一の「洛東清水寺ノ前ニテ巡礼者異相ヲ見ル事」などに同工異曲の説話がみられ、こうした説話が各寺院の布教活動を通して世間に流布していたのが分かります。『礦石集』の話は、二条の糸屋の妻が地獄の鬼によって火の中へ投じられる場面を幻視した者の話を貞享年間（1684〜88）に聞いて書いたという体裁をとっています。生きながら地獄の責めを受ける悪徳商人の因果応報の物語は、町人社会の商道徳とも共鳴しながら、江戸時代の人々の信仰生活に着実に根をはっていたのです。

冥府は誓願寺にあり

一方、そのような鬼卒幻想はどこにでもあらわれるわけではありません。江戸時代の京

『宿直草』（大洲市立図書館蔵）
「誓願寺にて鬼に責めらるる女の事」挿絵
山伏が庭で鬼に炙られる女性を目撃する場面

都で、東山の六道珍皇寺などとともに、あの世に近い場所のひとつと考えられたのは、恐らく誓願寺の境内だったのではないでしょうか。前出の『諸国百物語』だけではなく、この種の話の舞台を誓願寺に設定したものが少なくないからです。『諸国百物語』と同じ年に刊行された『宿直草《とのいぐさ》』巻二の八「誓願寺にて鬼に責めらるる女の事」は、賽銭泥棒を繰り返す女の悪報を記した鬼卒幻想です。

また、浅井了意《あさいりょうい》の『狗張子《いぬはりこ》』（1692刊）巻四の八「木嶋加伯」は、長門国《ながとのくに》（現山口県）萩《はぎ》の大富豪が酒食に耽り、贅沢三昧の日々を過ごした科《とが》により、悪鬼の幻想に悩まされる話です。それまでの暮らしぶりを反省した富豪の木嶋加伯は都に上り、罪滅ぼしに私財を投げうって誓願寺の堂塔を建て直し、念仏修行の余生を送ったのでした。

話の冒頭で了意は、誓願寺の南側のお堂に掛けてある地獄絵の凄まじさを紹介し、夭折《ようせつ》した子供の衣類を奉納する風習について触れています。このような誓願寺周辺の描写に『狗張子』の話の原風景を感じることができます。あるいは了意は、当時誓願寺の周辺で行われていた地獄図の絵解きをもとに鬼卒幻想の怪談を発想したのかもしれません。

今では人の波が絶えない新京極の真ん中に、三百年ほど昔、冥府に通ずる異形の扉があったとは、なかなか想像ができません。

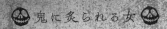

鴨川ののっぺら坊

二条河原　ほか

顔のない顔

人の姿なのに目・鼻・口のない化け物「のっぺら坊」に行きあう話は、全国各地の民話にみられます。ずんべら坊・ぬっぺらぼうなど呼び名は種々ありますが、この妖怪のことを知らない地方は恐らくないでしょう。

のっぺら坊の噂が文芸作品に取り込まれ、日本を代表する妖怪話となったのは、ラフカディオ・ハーン（小泉八雲《こいずみやくも》、58頁参照）の名作『怪談』（1904刊）によるところが少なくありません。八雲の作品は、「むじな」という題名が示す通り、のっぺら坊に化けて人を驚かすムジナ（イヌ科のタヌキあるいはイタチ科のアナグマの異名）の怪異談でした。妖怪の正体を動物としたのは各地の民話と同じ発想です。江戸時代の人々は、狐狸やムジナといった化ける動物の存在を、自然現象と同じように信じていたのです。

しかし、八雲の「むじな」には、素朴な民話の世界と違う側面がうかがえます。すなわち、怪談の舞台を江戸の紀伊国坂《きのくにざか》としたのは、城塞都市の地理条件をふまえた語り口にほかなりません。江戸城の外濠に面した紀伊国坂には、城の守りを固めるために紀州徳川家をはじめとする武家屋敷群が軒を連ねており、巨大な藩邸が密集する、庶民の立ち入れない未知の一画でした。いわば武家と町人層の身分差に支配された治外法権の閉鎖空間が、紀伊国坂ののっぺら坊を生み出す文化背景となっていたわけです。

夜ともなれば人通りの絶える紀伊国坂の暗闇の中、外濠に巣くうムジナが出没し、のっぺら坊に化けて悪さをはたらくのです。まさに徳川幕府のお膝元に妖怪の時空が顔をのぞかせるようなものです。武家政権の中心都市・江戸の特色がよくあらわれた怪異談といえるでしょう。

一方、同じように町中の怪異でありながら、京都の妖怪話には、異なった都市環境との結び付きが色濃くあらわれています。

『曽呂里物語』(国立国会図書館蔵)
「御池町の化け物の事」挿絵
朧月の夜にあらわれ、唐臼を踏み鳴らすのっぺら坊

のっぺら坊、京にあらわる

京都ののっぺら坊を取り上げた怪異小説は、『曽呂里物語』(1663刊)巻四の二「御池町の化け物の事」、そして『新説百物語』(1767刊)巻一の三「丸屋何某化物に逢ふ事」のふたつです。前者は、室町押小路の貸家に出る「目、はな、口もなき」白衣の大坊主の話であり、肝だめしにやって来た男たちの恐怖体験を書きとめた比較的よくあるタイプの怪談話です。

これに対して、後者の『新説百物語』は、鴨川の河原を「ぬっぺりぼう」出没の魔所としたところに、京都の怪談らしい特徴があらわれています。町の東を流れる鴨川の水辺の

風景とともに暮らす京都の生活者たちにとって、そこは見慣れた日常の場であるとともに、橋の下に広がる「異形の地」でもあったのです。ひとまず『新説百物語』の内容に分け入ってみましょう。

河原の魔所

三条の西に、丸屋何某という薬を売る商人が住んでいました。あるとき仲間の寄り合いで東山に行き、酒宴に顔を出して帰る頃には、すっかり夜も更けていました。一人四条通を西に進んで行くと、鴨川のほとりに月に照らされ何やらうごめくものがみえます。「乞食でもいるのだろうか」。丸屋は酒の酔いもあって河原に下りて確かめようとしました。それは人の形には違いありませんが、顔らしきところにあるべき目、口、鼻、耳すべてがなく、つるつる顔をしています。瓜のように大きな頭をした化け物が、ものもいわずそこいらを這いまわっている姿にぞっと鳥肌が立ち、うしろもみず足早にその場を立ち去ったのでした。

翌朝、仲間に河原でみたもののことを話すと、物知りの一人が「それはぬっぺりぼうという化け物に相違ない」と教えました。

しばらくして、丸屋は商いに行った先の黒谷で思いのほかにときを過ごし、今回も夕暮れの町を家路につくことになってしまいました。二条河原にさしかかると、この間の出来事がしきりに思い出され、気味が悪くて仕方ありません。急いで通り過ぎようとした矢先、河原の中ほどでくだんのものがもそもそと動いている姿を目にしたのでした。逃げる丸屋の後から化け物が四つん這いのまま追ってきます。裾に取り付いた手を振りほどき、一目散に家に逃げ帰りました。やっと正気に戻ってみれば、着物の裾にたいそう太い毛が十本ばかり付いていました。何の毛であるのか、誰にも分かりません。

歴史の中の河川敷怪談

江戸時代、鴨川の河川敷は、盆の先祖供養に欠かせない信仰の場として機能していました。当時の名所記には、灯籠流しや送り火をするため鴨川べりに集まる老若男女が描かれていて、あの世とこの世の境に位置する河原の風景を知ることができます。

また、古代・中世の京都において、河原は支配や所有のおよばない無主、無縁の土地でもありました。水害多発の定住困難な地域であったため、そこはケガレを捨てる場とみなされ、雑役や下級遊芸の徒である「河原者《かわらもの》」の活動拠点となりました。不当な賤視にさらされた人々の歴史が鴨川のほとりに流れていたわけです。前述の通り四条河原が出雲の阿国《おくに》によるかぶき踊り発祥の地となり、瑞泉寺縁起に描かれた処刑場としての三条河原の暗い歴史がのちの世まで語り継がれたのは、鴨川河川敷をめぐる民衆史のひとこまといえるでしょう（57頁参照）。

江戸中期の怪異小説が描く「河原のぬっぺりぼう」もまた、賤視や異形を感じ取る歴史の記憶と嗅覚を抜きにしては成り立たなかったのではないでしょうか。いずれにしても、小泉八雲の江戸版「むじな」とは性質の異なる京都怪談の地域特性を「河原のぬっぺりぼう」に見出すことは、そう難しくありません。

鬼の腕異聞

頂妙寺

大洪水のあと

京都の古いことわざに、「寅年は洪水」というものがあります。十二年に一度、鴨川などの氾濫が起きて水害に見舞われるというのです。三方を山に囲まれた盆地の風土をよくあらわしています。

江戸前期の大坂で活躍した井原西鶴の奇談浮世草子に『懐硯』（1687刊）という作品があります。その巻頭をかざる「二王門の綱」は、当時実際に起きた京坂の大洪水を小説の背景として、鬼の噂に怖れおののく被災民の心理を描き出しています。

旅を続ける半俗半僧の主人公・伴山《ばんざん》が京の町に入ったのは、五月雨の降り続く季節でした。折からの大雨により三条縄手の河水が溢れ、二王門通川端東入ルにあった頂妙寺の惣門が二王像ごと流されてしまいました。

その日の暮れ方、七条あたりの町人・樵木屋甚太夫は、増水した川の中から鬼の片腕らしきものを拾いあげ、密かに持ち帰って内蔵の奥にうやうやしく納めました。店の者に「決して口外してはならぬ」といいきかせたにもかかわらず、「鬼の手を拾ひし」噂が知れわたり、やがて一目みたいと京都中から大勢が押し寄せ、甚太夫の店の前にひしめくあり

『懐硯』（国立国会図書館蔵）「二王門の綱」挿絵
大雨による洪水で仏像までもが流される。当時の記録に牛一頭と老婆一人の被害がみえる。挿絵はその事実を伝えたもの

さまです。「動いた！」とみて気を失う者、興奮のあまり手にした刀を振り回して怪我をする者も出て、一晩中門前市をなす大騒ぎとなりました。ところが世が明けてみれば、鬼の腕の正体は、頂妙寺の二王像の残骸であることが分かり、昨晩の混乱が嘘のようになりました。このような事件があってから、町の者は甚太夫を「二王門の綱」と呼ぶようになったのでした。

能の『羅生門』などに描かれる有名な渡辺綱と鬼の手の伝説（綱が鬼と戦い、鬼の手を切り落とした話）を戯画化した、西鶴らしい作風の洪水奇談といえるでしょう。

鬼が出る京都

もっとも、京都に鬼が出没したという噂話は、これがはじめてではありません。吉田兼好による鎌倉末期の随筆『徒然草』第五十段に、応長の頃（1311～12）、伊勢の国から「女の鬼に成りたる」（女が鬼に化けた）ものが都に来たとの噂が広まり、二十日ほどの間、鬼を探し回る人々で洛中

が騒然となったという話が載っています。「今さっき、どこそこにあらわれた」などと立ち騒ぐわりには確たる目撃者がいるわけでもなく、それでいて虚言と決めつける声も聞こえず、平安京が鬼の噂でもちきりになったというのです。東山あたりに居を構えていた兼好自身が実際に町に出てみると、「一条室町に鬼あり」と叫びながら北を目指して走る野次馬の群れで都大路が溢れかえっていたそうです。

同じ頃、京の都に風邪のような症状の流行り病が蔓延したところから、「鬼の異聞はその前兆だったのではないか」と訝る声があったことを、兼好は末尾に記しています。京都の古い民間伝承にあって、悪疫と鬼女の流言が互いに共鳴しながら語られていたことが分かる一文です。鬼を、目にみえない病魔のシンボルと考える民俗は、現代のオニからは想像しにくい前近代の妖魔観ではないでしょうか。

人を喰う魔所

一方、西鶴のライバルであった京都の浮世草子作者・西村市郎右衛門もまた、『徒然草』五十段を引きながら、夜更けの洛中にあらわれた「人喰老婆」の実見談を記しています。

西村本の『新《しん》御《お》伽《とぎ》婢《ぼう》子《こ》』（1683刊）巻二の五は、ある夜、四条堀川の橋のたもとで乱髪の老婆に襲われた米商人の恐怖体験を描いています。青く光る眼をして口が耳まで裂けた化物が大手を広げて追ってきます。一目散に逃げ出す男。翌朝、堀川の橋に舞い戻って確かめたところ、その場に脱ぎ捨てた下駄がずたずたに噛み砕かれ、鋭い歯の跡が残っていたというのです。

人喰姥と云物、此わたりに有て、雨くらく風すごき夜は出るといふ。それなるべし。

西村市郎右衛門は、近世京都に伝わる「人喰姥と云物」の噂を書きとめ、さらに明暦（1655〜58）の頃にも同様の悪鬼が「壬生の水葱宮《なぎのみや》」（現中京区壬生梛《なぎ》ノ宮町）に出没して幼児を取って喰う怪事件が起きたこと、そして鬼婆の噂に洛中洛外おしなべて恐れおののいたことを詳らかにしています。

鬼の腕に立ち騒ぐ群集心理を浮き彫りにする西鶴の冷めた目と、西村本のリアルな実話描写――。どちらの「怖い京都」がお好みでしょうか。

『新御伽婢子』「人喰老婆（ひとくいうば）」挿絵
川のたもとで、髪を乱した老婆に襲われて

伏見稲荷大社

狐霊との遭遇

人呼塚《ひとよびつか》と谺《こだま》が池

夜の深草《ふかくさ》の幻想をテーマに、与謝蕪村《よさぶそん》は次の句を残しています。

きつね火と　人や見るらん　小夜《さよ》しぐれ（画賛、年代未詳）

時雨《しぐれ》そぼ降る夜更けの深草は、狐火（闇夜にみられる正体不明の怪火）がよく似合う——。そのような着想の背景には、深草稲荷山の麓に鎮座する伏見稲荷大社を「狐霊信仰の本拠地」と考える江戸時代人のものの見方が深くかかわっています。

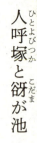

狐をお稲荷様の使いとみなす俗信自体は、今日に至るまでよく耳にするものです。一方、江戸時代の伏見稲荷大社では、野狐《やこ》にたぶらかされて行方不明になった者を見つけ出す「人呼塚」の御利益が信じられていました。この塚に詣でて名を呼べば所在が分からなくなった者の手がかりが見つかるというのです。

明治以降、人呼塚の民間信仰は失われ、今では塚の噂を耳にすることすらありません。しかし、稲荷山の中腹・熊鷹社《くまたかしゃ》背後の「谺が池《こだま》」（新池）には、現在も失踪者の手がかりを知る方法が伝承されています。池のほとりで拍手《かしわで》を打ち、こだまが返ってきた方向を探せば失せ人（または失せ物）が発見できるといいます。狐に化かされた者を戻す「人呼塚」の効験が信仰上の影響をおよぼし、このような俗信が生まれたことは想像にかたくないといわれています（山本絢子「伏見稲荷大社の民間信仰」２０１９）。

また、人呼塚伝承の流布は、江戸中期の民間に狐憑きの俗信が広く信じられていたことと無縁ではありません。ことに伏見稲荷大社に所属して布教活動の一翼を担った愛染寺《あいぜんじ》（明治初頭に廃寺）は、狐落としの秘法を伝授しており、野狐に惑わされたら伏見へ行って加持祈禱に頼るのが京都人士の常識になっていたのです。

伏見のお稲荷様を頂点とした狐霊信仰の普及にともない、稲荷大社の周辺には狐の霊異談が後を絶ちませんでした。『日本随筆大成　第二期第５巻』（１９９４、吉川弘文館）に載る近世中期の奇談雑筆より、狐霊と行きあった者の実話に着目してみましょう。

生きながら狐になった男

『新著聞集』（１７４９刊）の奇怪篇第十「人活《いき》ながら狐となる」は、狐霊の世界に引き込まれてしまった商人の話です。

伊勢の二見浦《ふたみがうら》に近い塩間《しわい》（現三重県）という里の者で、海産物の商いのためにしばしば京に上る男がいました。あるとき伏見稲荷大社に詣でて門前の茶店でひと休みしていると、どこからともなく年老いた狐があらわれ、大鳥居をやすやすと飛び越えました。そしてさらに別の鳥居を越えながら、広い境内を楽しげに行ったり来たりしています。不思議な光景に、ついつい我を忘れてみとれる男に向かい、狐が声をかけました。「面白いぞ、おまえ《ママ》も一緒に飛び越えてごらんよ」。人である自分にはそんな事はできかねる、とためらう男に、狐は「ならばわしが教えてしんぜよう」といって、男の羽織を脱がせます。長い縄を付けて鳥居の上へ放り上げ、引き下ろしては別の鳥居へと、上げたり下げたりを繰り返すうちに、男も何故かだんだん宙を飛びまわる心地がしてきます。しばらく浮遊を楽しんでいたようなのですが、後のことは呆然としてよく覚えていませんでした。

さて、この奇妙な体験ののち、男は塩間の我が家に帰り、「ただいま、俺だぞ」と玄関の戸をたたいたのですが、妻や子は開けてくれません。それどころか「妖しい古狐が来た！　決して中に入れてはなりません」などと泣き叫ぶ始末です。男はやっと気がつきました。「そうか……伏見稲荷大社で出会ったアレが、俺を狐の姿に変えてしまったのか」。さめざめと涙を流し後悔しても、もはや後の祭りです。生きながら畜生道に堕ちた自分の運命を呪いながら、男は家族と別れ、浜辺の片隅で一人寂しく暮らしたのでした。

それからしばらく経つ頃、村人に狐霊が憑いて「妻子と離れてさまよう我に相応の住まいを与えて欲しい」と告げました。村の者は狐になった男と懇意にしていたので、気の毒に思って小さな祠を建立し、「塩間の稲荷」と名づけて尊崇したのでした。

以上は伊勢地方の稲荷社の創建由来として、伏見稲荷大社の狐霊にまつわる奇妙な体験が語られた例といえるでしょう。

一方、次に紹介する『諸国里人談』（1743刊）巻五「宗語狐」は、いっそう格調の高い伏見稲荷大社の「使わしめ」に関する秘話です（『日本随筆大成』第二期第24巻、1995、吉川弘文館）。目撃者は松尾芭蕉《まつおばしょう》の門人で京都の俳諧師だった八十村路通《やそむらろつう》（1649～1738）でした。

路通の証言

伏見稲荷大社の熱心な信者でもあった路通は、毎日深草に詣でるのが常でした。そのたびに顔を合わせる八十ばかりの老僧と意気投合し親しい間柄になりました。僧は名を宗語と名乗り、大変な物識《し》りでした。五百年前の出来事を眼前のことのように語るのです。さすがに六、七百年以前となると少々頼りないところもありましたが、歴史好きの路通にとっては満足のいくものであり、親交は三年にもおよびました。ただし、宗語の住処《すみか》だけは聞くことができませんでした。

やがて別離のときが訪れます。宗語は関東に行くことになり、「年老いた私にはもはや帰京の見込みはないのです」と告げました。その上みずからの身の上について、思いも寄らない話を口にするのでした。「私は人間ではないのです。長い間、伏見にお仕えする『使わしめ』の司《つかさ》を務めていたのですが、このたび役目を辞すこととなりました。私の故郷は、彦根の馬淵某の屋敷です。そこに行けば事情が分かるでしょう」。宗語を見送ったのち、路通はその足で彦根に向かい「宗語様の言葉にしたがって来た」と告げると、屋敷の主は驚き、路通を歓待するとともに、自分たちの身のまわりに起きた霊験の数々を語り聞かせたのです。四年前のこと、十二歳になる息子が行方不明になり、百五十日後に帰ってきたのでした。いったいどこで何を、と聞けば、宗語なる老僧に連れられて諸国の寺社名所を見物してまわっていたというのです。老僧の正体は当地の稲荷社に住む狐霊で、このたび伏見の本社の「仕者司」に昇格したので、積年のお礼に息子を案内して歩いたことを明かします。仕者司とは、伏見稲荷大社に仕える狐の長《おさ》のことです。

江戸時代の庶民が思い描いた、狐霊の転勤をめぐる奇談といってよいでしょう。

コラム5

怖いイベント

上京区一条通御前西入ルに、大将軍《たいしょうぐん》八神社《はちじんじゃ》という古社があります。毎年春や秋、この神社の境内に「モノノケ市」と銘打った妖怪グッズのアートフリマがたちます。このアートフリマは嵯峨美術大学の河野隼也氏を代表とする「妖怪芸藝団体・百妖箱」が運営しており、八月の「嵐電妖怪電車」や、十月の「一条百鬼夜行」は恒例行事として定着した感があります。とくに妖怪に仮装して一条通を闊歩する「一条百鬼夜行」は、平安の昔、ここ一条通に出没した百鬼夜行を現代に蘇らせたもので、妖怪を文化遺産とする京都らしい町おこしといえます。

モノノケ市には著者・堤が元締を務める怪談朗読団体「百物語の館」も参加します。こちらは江戸怪談や近代の幻想文芸をもとにした「声の怪談」を実演する団体です。最近では深泥池《みどろがいけ》などの怖いスポットを夜に巡る「京都妖怪タクシー」とも協力し、車中で「百物語の館」による朗読を流すなど、地元企業との連携も進んでいます。これらの怖いイベントは、京都の伝統文化の一部になっていくでしょう。

※各イベントの詳細については、「百物語の館」「妖怪芸藝団体・百妖箱」の公式ホームページを参照

2015年に行われたイベント「京都駅ビル　大階段　怪談話」に参加した「百物語の館」メンバーによる怪談朗読のようす

第5章

怪談の集まるところ

怪談フィールドワーク⑤

境界の地蔵と閻魔

上品蓮台寺《じょうぼんれんだいじ》

—源頼光の土蜘蛛伝説—

今回は、境界線としての千本通を中心に巡ってみたいと思います。まずは上品蓮台寺にやって来ました。このあたり、船岡山から紙屋川に至る一帯は、かつて「蓮台野」と呼ばれていて、西の化野《あだしの》（右京区嵯峨、小倉山の麓）、東の鳥辺野（82頁参照）とともに代表的な風葬地でした。ちなみに、「千本通」という名前の由来は、かつて蓮台野へ死者を運ぶ道だったため、千本の卒塔婆を立て供養したのがはじまりといわれています。

「十二坊」の名でも知られる上品蓮台寺

上品蓮台寺は応仁の乱で焼失し荒廃してしまいましたが、文禄年間（1592〜96）に復興されました。その際蓮台野一帯に十二の子院が建立されたことから、「十二坊」の名で知られるようになりましたが、明治維新後に

怪談フィールドワーク⑤

境界の地蔵と閻魔

本堂背後の墓地の中、老木のもとにひっそりと立つ頼光塚

は子院の多くが廃合されました。ここには、「頼光塚」があります。

源頼光ですか。鬼同丸の話（60頁参照）とい い、伝説の多い武将ですね。

能の「土蜘蛛《つちぐも》」に、頼光が土蜘蛛を退治したという伝説がみえます。この頼光塚は「蜘蛛塚」とも呼ばれています。

土蜘蛛の伝説とは、どのような話ですか。

頼光が原因不明の熱病で苦しんでいると、僧の姿に化けた土蜘蛛に襲われます。頼光が刀で切りつけると、その姿は消えてしまう。家来がその話を聞き、血の跡を辿って行くと塚に行き当たり、塚から土蜘蛛の精が姿をあらわしたため、これを退治したという伝説です。

その塚が、この頼光塚ということでしょうか。

実は北野天満宮の二の鳥居の西側にある東向観音寺にも土蜘蛛塚があります。具体的にどの場所というのは特定されていないのですが、やはり北の風葬地、蓮台野のイメージが当時の人々の中にあって、生活圏からすこし外れたこの地を伝説の舞台にしたということではないかと思います。平安京の時代、庶民は火葬されず風葬されましたが、身分の高い貴族などは上品蓮台寺のすぐ東側にある船岡山で火葬されました。その人々を葬る役割を十二坊の子院が担っていて、上品蓮台寺には多くの名家のお墓が残っています。

引接寺《いんじょうじ》（千本閻魔《えんま》堂）

―地獄の風景と大念仏狂言―

風葬地の入り口、あの世とこの世の境目

ここ千本閻魔堂は、平安京からみるとまさに蓮台野への「入り口」ともいうべき場所に位置しており、鳥辺野でいえば六道珍皇寺と同じで（84頁参照）、死者とのお別れをする場所でした。ほかにも、六道珍皇寺と千本閻魔堂には「閻魔が祀られている」、「小野篁（23頁参照）伝説が伝えられている」など、興味深い一致点があります。千本閻魔堂のご住職、戸田妙昭さんにお話を伺いましょう。よろしくお願いします。

よくお参りになられました。現在の千本通は、かつて平安京の中央を南北に縦貫していた朱《す》雀大路《ざくおおじ》にあたります。千本閻魔堂はこの朱雀大路の北端に位置しており、「この世とあの世の境」といわれていました。当時、京は古神道の都で、隣の奈良は仏教の都でした。身分の高い方が亡くなると、墓所を立てて手厚く葬られましたが、庶民は風葬、つまり野ざらしにされていました。このあたりは平安京の中心地より北にあって、温度も少し低めなので、野ざらしにするのに適していたのでしょう。そのような事情でやがてこの周辺が風葬地となっていきました。おどろおどろしい様子から「摩界」と呼ばれるようになるのですが、当時の人々のイメージとしては、妖怪変化の「魔界」ではなく、普通ではないことが起こる不思議な土地として、摩訶不思議の「摩」の字を使った「摩界」ではなかったかと思います。

そして、この風葬地の真っ只中に生を受けたのが、千本閻魔堂の開基である（小野）篁卿です。美しい朱雀大路を取り戻したいということで、篁卿は野ざらしにされていた亡骸を土に埋めました。儀式をするにあたって、お隣奈良の仏教を持ってきたいけれども、京都は神道で支配されていたので、篁卿はまず神道と仏道の間の宗教である「十王思想」を京

都の都に持ち込みました。そして人間界を司る閻魔様を都の恵方（北西・東南）にお祀りしたのです。そして、亡骸を埋めた場所には、魂が抜け出さないように石を置きました。その後仏教で「閻魔様は地蔵菩薩の化身である」として同一視されるようになると、やがて石に代わってお地蔵様が置かれるようになった。だから今でも京都には少し歩くとお地蔵様に出会いますね。京の都に地蔵信仰の礎をつくったのは、篁卿といっても過言ではないと思います。

お話を伺った千本閻魔堂ご住職の戸田妙昭さん

本堂に安置されている閻魔像。
「お焼香をして拝んだ後は、閻魔様の顔が優しくみえると仰る方も」と戸田さん

閻魔様というと、「地獄の番人」といったイメージをお持ちの方も多いと思いますが、閻魔様はこの世とあの世の間、地獄と極楽の間にいて、亡者を地獄行きにする権利も、極楽行きにする権利もお持ちなわけですから、決して地獄の鬼の大将というようなものではないんです。ではなぜこのようなイメージが広まっているかというと、恐らくこの恐ろしい顔のせいではないかと思います。「嘘をついたら舌を抜くぞ！」と怒られるような感じがしますよね。

しかし、このお顔は怒っている顔ではなくて、慈悲のお顔なんです。亡者に地獄行きを言い渡したとき、閻魔様はどろどろに溶けた熱い溶液を喉に流し込んで、みずからも同じ苦しみを味わうのです。閻魔様の舌が真っ赤に描かれたりつくられたりするのは、このためなんですね。

ゑんま堂狂言と地獄絵

こちらのお寺と閻魔王について、貴重なお話ありがとうございました。以前こちらに伺った際に、ゑんま堂大念佛狂言を拝見しました。

ゑんま堂狂言の起源となった演目に、「千人切り」というものがあります。これは毎年最後に行われます。この地域を盗賊たちが荒らすので、守護役人の源為朝が閻魔様に祈願した金剛杖で倒したところ、病気の者は健康を取り戻し、悪人は善人の心を取り戻すという奇跡が起きたという話をもとにしています。開山の僧が閻魔様の力に驚嘆し、大念仏狂言によって民衆を病や災いから救いたいと考え、ゑんま堂狂言がはじまったといわれています。現在のゑんま堂狂言では、まず為朝役が閻魔様にお参りして、杖にご祈禱をします。それを持って舞台へ上がり鬼たちを倒す「千人切り」を演じて、終わると本堂に戻り、演目に登場する矢を拝観者に授与したり、金剛杖を当てたりして無病息災を願います。

普段お祈りしている本堂と狂言が結びついているんですね。ゑんま堂狂言はお芝居でありながらも、お話の中に閻魔大王など信仰上のものが包みこまれている演目が多いですね。

やはりそうした演目が本来のゑんま堂狂言ではないかと思います。千本閻魔堂は檀家が一軒もないですが、現在はこの狂言に興味のある方々が遠方からも集まって「千本ゑんま堂大念佛狂言保存会」という会を立ち上げ、毎年五月一日から四日にゑんま堂狂言の本公演を行っています。念仏狂言という伝統芸能を継承していただいていて、大変有り難く思っています。

宗教的な教えは、話だけ聞いたり本で読んだりするよりも、目でみたほうが分かりやすいですね。本堂の地獄絵も、現在は時が経ってしまい図像を読み取るのが難しいですが、かつてはとても迫力があったでしょうね。

そうですね。あの壁画は室町時代のもので、宣教師のルイス・フロイスもみたといわれている地獄絵です。私が小学生くらいの頃には、近所のおじいさんに「あんたのとこの地獄絵は怖かったんやでぇ。火炎が両側から迫って、閻魔様の目がぎょろっと睨みつけてくる」と聞かされました。まさに地獄、異空間のようだったと。ですから今ある壁画は別の場所で大切に保管するとして、いつの日か新しく、鮮やかな色彩で地獄絵を再現したいという思いがあります。それを今の子供たちにもみてもらいたい。怖がらせたいというのではなく、自然と「畏《おそ》れ敬う」という感情につながると思うからです。地獄絵をみて、そうした感情を持つということも大切ではないかと思うのです。

本堂内にかすかに残る地獄絵

地蔵供養池と紫式部供養塔

先ほど、亡骸を埋めた後にお地蔵様を置いたという話をしましたが、本堂の裏の池に安置されているお地蔵様も、多くは朱雀大路から発掘されて千本閻魔堂に納められたものです。近年のお地蔵様はお坊さんの姿をしているものが多いのですが、当初は「舟形地蔵」といって、後背が舟の形のものでした。これはあの世に渡るのに、船に乗っていくという意味から舟形なんです。

歴史を感じますね。地蔵供養池の奥に、供養塔がありましたが。

紫式部の供養塔です。南北朝時代の至徳三年（1386）に、円阿上人の勧進により建立されたと刻銘があります。この上人が、紫式部が地獄へ落ちて苦しんでいるという夢をみて驚き、閻魔様になぜかと尋ねると、式部が『源氏物語』という小説を書く際にありもしない嘘をついたため地獄に落としたというので、式部を成仏させるべくこの供養塔を建立した、と伝えられています。千本閻魔堂の開基は篁卿ですけれども、篁卿の伝説があるところには式部の影が、式部の伝説があるところには篁卿の影が感じられます。式部は篁卿が亡くなってから約百二十年後に生まれてい

地蔵供養池。お精霊迎えの際はこの池に水塔婆を流し、迎え鐘をつく

るので、もちろん生前に交流はないのですが、式部は篁卿のファンだったようですね。

紫式部供養塔。仏教が全盛を迎えた中世には、『源氏物語』を教えに反する淫猥な悪書とする風潮が生まれた。上田秋成は『雨月物語』序文で「式部は真に迫る描写をして人々を惑わせ地獄に堕ちたが、自分が書くのは荒唐無稽な話であるから罰は受けない」と書いている

石像寺《しゃくぞうじ》（釘抜地蔵《くぎぬきじぞう》）
―閻魔王と地蔵菩薩―

石像寺にやってきました。「釘抜地蔵」という異名があるようですが、なぜでしょうか。

地蔵堂に安置されている地蔵像が、もともとは人々の苦しみを取り除くという意味で「苦抜地蔵」と呼ばれていたのがなまって「釘抜地蔵」となったとも、手の病気に苦しんでいたある商人の夢に地蔵があらわれ、手に刺さっていた二本の釘を抜いて救ったからこう呼ばれるようになったともいわれています。体や心に痛みのある人がここにお参りして、苦しみが癒えた人は絵馬を奉納するようになりました。

それで釘と釘抜きを貼り付けた絵馬がびっしり並んでいるんですね。壮観です。

先ほど、千本閻魔堂のご住職がおっしゃっていたように、仏教では閻魔王は地蔵菩薩の化身で、不二一体のものと捉えられていますから、閻魔王を祀る千本閻魔堂と地蔵を祀る石像寺が千本通沿いのすぐ近くにあるというのは、とても興味深いですね。

石像寺本堂に奉納された絵馬には「御礼」の文字が

立本寺《りゅうほんじ》

—「幽霊子育て飴」で育った僧—

ここは、「幽霊子育て飴」の伝説に登場するお寺です。

聞いたことがあります。東山の六波羅蜜寺を少し北に行ったところに、「幽霊子育て飴」を売っているお店（184頁参照）がありますよね。どんな話にまつわるものなんでしょうか。

慶長四年（1599）、この飴屋さんに夜な夜な飴を買いに来る女がいました。不思議に思った店主が女の跡をつけていくと、墓場の前で姿を消した。そして、お墓の中から赤ん坊の泣き声がする。お墓を掘ってみると、中で赤ん坊が飴をくわえていた。赤ん坊を身籠っているときに亡くなり土葬された女が、幽霊となって飴を買いに行き、墓で生まれた赤ん坊に与えていた、という話です。その後成長した赤ん坊は僧侶となり、ここ立本寺で有名な上人となったといわれています。また、この赤ん坊は立本寺にある墓地の下の壺の中で生まれたともいわれます。水木しげるの『墓場の鬼太郎』は、この系統の昔話「子育て幽霊」がモデルになっているんですよ。

鬼太郎は墓場で生まれますもんね。

立本寺の貫首・上田日瑞さんにお話を伺いましょう。飴屋さんが販売している飴の由来書に、亡くなった奥さんを葬った夫として「江村氏」という名前が登場するのですが、こちらで上人になられた方の名字も江村というのでしょうか。

立本寺のお墓の中から生まれた赤ん坊は、成長して立本寺の二十世住職「霊鷲《りょうじゅ》院日審《にっしん》上人」になったといわれていますが、この方の俗名は「江村文嘉」です。

日審上人に関連する寺宝はありますか。

肖像画と、木像があります。木像は、毎月八日に行う鬼子母神祭の際に、真ん中に鬼子母神像、右脇壇には日審上人像、左脇壇には大黒天像をお祀りしています。鬼子母神は子供の守り神なので、子育て・安産守護のご利益でお参りいただいています。

幽霊飴のお話と、鬼子母神の安産・育児のご利益が結びついているのですね。

立本寺では、安産の札守りや腹帯を授与しています。幽霊子育て飴もあります。安産を願ってお参りいただいた方は、無事子供が生まれたら、親子で発育守護のためにお参りになる。立本寺は「北野の鬼子母神さん」とも

お話を伺った立本寺貫首の上田日瑞さん

呼ばれ、遠方からも熱心にお参りに来ていただいています。

日審上人はどのような方だったのでしょうか。

日審上人が授戒した僧侶は十万人ともいわれていて、説法で非常に有名な方でした。あちこち説法に出かけていたようです。日審上人の説法のファンがいて、上人について回って説法を書きとめた文書も残っています。書き判（花押）が壺のような形をしており、「壺日審上人」とも呼ばれていたようです。

この形の書き判はめずらしいものですか。

あまりみないので、珍しいものだと思います。書き判から上人の書が見分けられるくらいです。こうした書は、毎年十一月八日のお会式、先師法要の際に、虫干しを兼ねて一般公開しています。寺宝を毎年半分ずつ交替で出していて、幽霊画などもあります。雨天中止で、午前十〜午後三時まで拝観していただけます。

幽霊画も研究しておりますので、ぜひ伺わせていただきます。ありがとうございました。

さて、今回は千本通を中心に歩きました。「蓮台野」というキーワードが何度も出てきましたね。

幽霊子育て飴のような話は各地に伝わっていますが、『漢和希夷』および『奇異雑談集』に収められている話が恐らくいちばん古い話だと考えられます。室町時代の武士の奥方が蓮台野に葬られた後、餅で我が子を育てるという話で、父親は武士をやめて出家し、国阿上人という僧になるのです（詳しくは185頁参照）。

赤ちゃんが育って僧になるのではなく、父親が出家したんですね。飴ではなく餅など、微妙に違う点がありますが、よく似ています。

飴が商品化したのは江戸時代以後のことです。立本寺の日審上人は江戸時代の僧なので、飴で育つのですね。今回、千本通を上品蓮台寺からスタートして立本寺まで歩いてみると、改めて風葬地、あるいはあの世とこの世の境としての蓮台野に不思議な伝説が集まっていることが分かりましたね。

怪談フィールドワーク⑤

境界の地蔵と閻魔

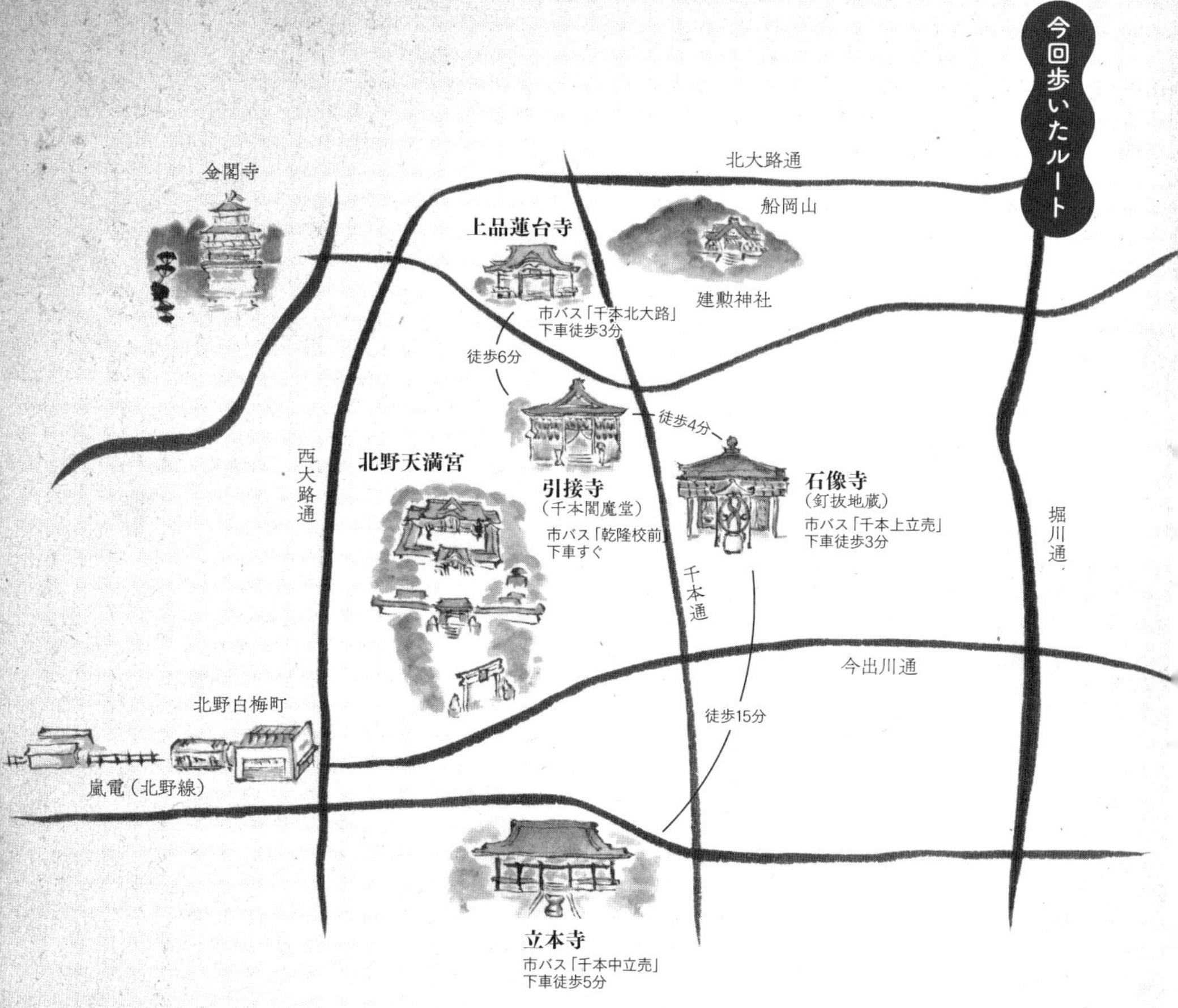

※注

❖**土蜘蛛**　古代、大和朝廷に服従しなかった辺境の民をさげすんで呼んだ語。近世以降は、蜘蛛の形をした妖怪と考えられるようになった。

❖**十王思想**　死後の世界において、閻魔王ほか十人の王に裁かれるとする信仰。中国で仏教と道教の両信仰の混成物として成立したと考えられる。追善の仏事を定着させるうえで大きな力を持った。

❖**ゑんま堂大念佛狂言**　千本閻魔堂に伝承されてきた念仏狂言。念仏狂言は、布教活動のために寺院で行われた法会の余興として公開された念仏踊り・寸劇などの宗教色が薄れ、演劇色が強くなって成立したもの。ほかに壬生寺・嵯峨清涼寺などにも伝わっている。念仏狂言のほとんどが無言劇であるのに対し、千本閻魔堂の狂言はほとんどの演目にセリフがあるのが特徴。

❖**源為朝**　1139〜77、武将。幼い頃から豪勇で弓術に長じたという。保元の乱で崇徳上皇方として参戦したが、敗れて伊豆大島に流された。

燃える墓と女

蓮台野

葬送の地・蓮台野

紫野《むらさきの》・大徳寺の南西に位置する丘陵は「船岡山《ふなおかやま》」と呼ばれますが、これはその形を船底に見立てた地名であり、京の町並みを見渡せる平安京の景勝地でした。同時に多くの后妃《こうひ》の火葬・埋葬が執り行われた場所でもあり、中世には葬送の地としての色彩を濃くしていました。「船岡山の煙」といえば、死者を荼毘《だび》に付すことを意味したのです。

156頁でも触れたように、船岡山より西の紙屋川に至る地域は蓮台野と呼ばれ、東の鳥辺野・西の化野《あだしの》とならぶ巨大墓地の歴史を持っていました。この世の果てを思わせる平安京周辺の葬送地が怪談の発生場所と重なるのは、当然の結果といえるでしょう。蓮台野についていえば、土蜘蛛退治ゆかりの頼光塚や引接寺の小野篁伝説、子育て幽霊の伝承と上品蓮台寺（千本十二坊）といった、みえない世界を語る説話群が集まっていました。ここでは近世怪異小説に描かれた蓮台野の怪談に焦点を当ててみましょう。

二つ塚の妖火

『諸国百物語』「蓮台野二つ塚ばけ物の事」挿絵
幽霊の足が描かれているのに注目。
足のない幽霊の図像は十八世紀以降

『諸国百物語』（1677刊）の巻一の七に「蓮台野二つ塚《つか》ばけ物の事」のタイトルで次の話が載っています。

墓地の片隅に、二町（200m）ほど離れた二基の石塔がありました。いつの頃からか、そのひとつが夜な夜な火焔に包まれ、もうひとつからは「こいや、こいや」と叫ぶ呪いの声がしたため、近所の者は怖れおののき、陽が落ちれば誰も近寄らなくなっていました。風雨の激しいある晩、肝だめしに集まった若者の一人が、化け物の正体を見破ろうとして蓮台野の二つ塚に向かいました。闇夜の上にしとしとと降る雨が薄気味悪く、それは想像以上の禍々しさでした。しかしこの男は肝のすわった剛の者だったので、呻き声のする方の塚に近寄り、じっと耳をすませていました。すると、噂のとおり石塔の下から何者かが「こいや、こいや」と呼んでいるではありませんか。

「お前は何者じゃ、真の姿をみせよ」。若者が問いかけると、塚の中から四十ばかりの青ざめた顔の女が立ちあらわれ、「わらわを向こうの塚まで連れて行って欲しい」というのでした。みるも醜怪な化け物ではありましたが、はじめから承知の上の肝だめしなので、若者は女を背負い、燃えさかる塚の前に下ろしました。

女が塚に入ると同時に、内側が鳴動し、けたたましく立ち騒ぐ音さえ聞こえてきます。やがて鬼神の姿に変化した女が出てきて、今度は「もとの塚に戻りたい」というのです。鬼女の恐ろしい姿に、若者もこのときばかりは気を失いそうになったのですが、勇気を奮い起こして女のいうとおりにしてやりました。すると自分の塚に帰った鬼女は、先刻と同じ青ざめた女に戻り若者に感謝の言葉を告げました。

「さてさてお前様ほどの剛気の者をみたことがない。望みが叶い嬉しく思うぞ」といい、ずしりと重い小袋を手渡しました。急いで家に帰り、肝だめしの仲間に一部始終を語り、袋の中身をあらためたところ、金子百両が入っていました。それからは、二つ塚の妖火は鎮まり、何事も起こらなくなったといいます。

恨みの炎

妖鬼の願いを聞き届け隣の塚まで送ってやるというのは、昔話の「沼神の手紙」「水神の文使い」などと同じ話型です。沼や橋に棲む邪神に手紙を届けて宝を得るというのが話の基本型であり、古くは『今昔物語集』（平安時代末期）などに筆録されたものです。

もっとも墓の炎や唸り声の意味については、昔話との比較だけではうまく説明できません。『諸国百物語』のほかの章から類推していくと、墓火の原因は、むしろ恋がたきの女の霊魂が引き起こす霊異と考えてよさそうです。

同書巻三の七「まよひの物、二月堂の牛王《ごおう》に怖れし事」には、隣家の女に毒殺され、夫を寝取られた三条室町の女房の復讐に加担して黄金を得た若者の武勇談が描かれています。ここでも話の発端は、炎に包まれ「人こひしや」（人恋しや）の叫び声を放つ墓に肝だめしを試みるシーンからはじまります。蓮台野の二つ塚に通底する筋立てとみて差し支えないでしょう。

また、幽霊の手助けという点では、同書巻四の一「端井弥三郎、幽霊を舟渡しせし事」

も同じモチーフがうかがえる怪談で、夫とその妾《めかけ》に謀殺された妻が、通りがかりの侍に川向こうに渡してもらい、相手の女を取り殺すという話です。幽霊が逆立ちの格好であらわれることから「逆さま幽霊」の怪談と呼ばれ、多くの類話を生み出しています（『因果物語』1661刊等）。

一方、墓火の怪の宗教的な背景としては、高僧の法力による妖火鎮圧の仏教説話が、禅宗の寺院を中心に各地の僧坊に流伝したという歴史を考える必要があります。鎮魂のために死者の卒塔婆《そとば》を逆さまに立てる呪法（『本朝故事因縁集』1689刊）の存在に照らしていうなら、墓に籠もった怨魂に恐れをなす民衆心理と、その弔祭に携わった僧侶たちの活動を垣間見ることができるでしょう。

ひるがえって、宗教から口碑・伝説、近世文芸に至るまでの幅広い墓火伝承の流布を前提に、いま一度冒頭にあげた「二つ塚ばけ物」に立ち戻ってみると、怪異発生の場所を蓮台野の葬送地にからめて語る京都怪談の地理感覚がいっそう鮮明になるのではないでしょうか。都の周辺に広がる無常野は、生きて働く生活圏の住民があの世の存在と行きあう、まさに境界地帯だったわけです。

魔の池の汀《みぎわ》

帯取り池・広沢池

帯取り池の怪

近代怪談文芸の代表作家・岡本綺堂《きどう》（1872〜1939）は、古い伝承をもとにして因《いん》縁《ねん》話風の作品を仕立てるのが上手な小説家でした。たとえば「帯取りの池」は、次のようにはじまります（以下、『時代推理小説　半七捕物帳（一）』1985刊より引用）。

「今ではすっかり埋められてしまって跡方も残っていませんが、ここが昔の帯取りの池というんですよ。江戸の時代にはまだちゃんと残っていました。御覧なさい。これですよ」

半七老人は万延版の江戸絵図をひろげて見せてくれた。市ヶ谷の月桂寺の西、尾州家の中屋敷の下におびとりの池という、かなり大きそうな池が水色に染められてあった。

「（中略）この池を帯取りというのは、昔からこういう不思議な伝説があるからです。勿論、遠い昔のことでしょうが、この池の上に美しい錦の帯が浮いているのを、通りがかりの旅びとなどが見付けて、それを取ろうとしてうっかり近寄ると、忽ちその帯に巻き込まれて、池の底へ沈められてしまうんです。なんでも池のぬしが錦の帯に化けて、通りがかりの人間をひき寄せるんだと云うんです」

話はこの後、池に浮かんだ帯の持ち主の女が殺される事件へと続きます。冒頭に掲げた江戸の「帯取りの池」の因縁が、京都の「同じような古蹟」を引き合いに出しながら、重厚なゴシックロマンの雰囲気とともに展開されていきます。

ところで、京都の帯取り池とはどこにあるのでしょうか。残念ながら、今日では池そのものを訪ねることはできません。ただし、近世の地誌をたよりに池の所在と伝承を再現することは難しくないでしょう。たとえば延宝五年（1677）刊『出来斎京土産《できさいきょうみやげ》』をひもとくと、「広沢より東のかた、路《みち》のかたはらにて窪《くぼみ》たる所也。むかしは此池に主《ぬし》ありて、底《そこ》深く小々波《さざなみ》たちてすさまじく、池の主は帯に化して人をとりけりといふ」とみえ、広沢池（右京区嵯峨広沢町）の東側に実在した「人を取る池」の口碑が明らかになります。昔は底無しの深さだったものが、江戸初期の頃には、窪み程度の痕跡を残すのみになっていたというのです。『出来斎京土産』より三十年ほど後の『山州名跡志』（1711刊）では、広沢池から東へ三町（300m）ばかり行くと、道の左手（北側）に帯取り池の跡がみえるとされていて、およその所在地を推しはかることができます。

また『名所都鳥』（1690刊）は、池に帯を浮かべて人をおびき寄せる魔物の正体を、巨大な亀としています。しかも池の「浮き草」を帯にみせかけて人を欺くのです。不用意に手をのばしたが最後、見る間に引きずり込まれて大亀の餌食になってしまいます。

江戸時代の京都の人々に恐れられた洛西帯取り池の不気味な伝説が、これらの資料から徐々に全貌をあらわしてきます。

魔所としての広沢池

十八世紀半ばの民間において、どうやら帯取り池の怪異はすぐ近くの広沢池の由来と混同されていたようです。

各地の妖異伝承を集めた『扶桑怪談弁述鈔《ふそうかいだんべんじゅつしょう》』（1742刊）の第九十五「嵯峨広沢池」の項は、池の主の巨大な鯉がしばしば姿をあらわし災いをもたらしたという言い伝えに触れています。同書の編まれた江戸中期には、すでにそのような凶事は聞かれなくなっていましたが、それでもなお葬列を池に近付けてはならないとされ、わざわざ遠回りする習俗が守られていたそうです。止むをえず通るときは、水底の主に許しを乞い、池の端に垣根をこしらえてみえないようにする。そうすれば祟られずにすむ、とも述べています。広沢池にまつわる禁忌《タブー》の民間伝承を書き残した興味深い一文といえるでしょう。今では月影の名所として有名な広沢池ですが、近世京都の民衆にとっては、畏敬と忌避の対象となる「怖い池」であったわけです。ちなみに『扶桑怪談弁述鈔』の編者は、章段の末尾に「考フルニ帯取池ノ義ヲ附会スルニヤ」と述べて、こうした妖異伝承が、広沢池とごく近い距離にある帯取り池の話を無理にこじつけたものではないかと推察しています。

僧と娘の心中

広沢池をめぐる怪談はこれにとどまりません。たとえば心中死した僧侶と娘の幽霊話は、魔の池にふさわしい幻妖な物語です。こちらは西村市郎右衛門の『宗祇諸国物語《そうぎしょこくものがたり》』（1685刊）巻一の「広沢怪異」という短編で、口碑伝説というよりも創作小説といった

『宗祇諸国物語』「広沢怪異」挿絵
丑三つの頃、僧と娘の幽霊が姿をあらわす

方がよいでしょう。ここでは諸国をさすらう中世の連歌師・飯尾《いいお》宗祇（1421～1502）の旅の体験談に潤色されています。江戸時代版の歴史怪談小説のようなものです。

あるとき、宗祇法師は広沢池のほとりに住む僧を訪ね、小雨そぼ降る草庵に一夜の宿を借りました。法談のついでに、僧が奇怪な話を口にします。庵にほど近い池の水面に怪しい光があらわれ、「燃《もえ》ては消《きえ》、きえては燃《もゆ》」ることを繰り返し、炎の中から男と女の泣き声や笑い声が止まないというのです。僧は宗祇を池の汀に案内しました。

やがて丑三つ（午前二時）頃、陰火とともに若い法師と十六ばかりの娘が水の上に半身をあらわします。聞けば娘は北山の生まれの者で、高雄の山寺に参詣の折、美僧に一目惚れしてしまったといいます。夜ごと僧坊に通ううち、互いに「情の道」を交わす間柄となります。しかし程なく二人の関係が世間に漏れ聞こえ、止むなく手を取り合って広沢池に身を投げたのです。死して地獄の炎に焼かれ続ける男と女――。亡霊たちは恋しい相手の苦しみを少しでもやわらげようと、必死に池の水をすくい、藻草《もぐさ》を投げかけ合うのでした。浅ましい業因をまのあたりにした宗祇は、二人のために経を読み菩提を弔いました。

心中死の幽霊が出没する場所を妖魔の噂が絶えない広沢池に設定したのは、京都怪談の磁場を心得た書き方といえるでしょう。人を取る池の深みは、心中死の魂が浮遊する魔所でもあったのです。

食人鬼《じきにんき》の正体

桂川

人を食ったはなし

人はなぜ人を食べるのでしょうか。

ひとつには、「人間の生き肝には難病を根治させる効能がある」と信ずる民間伝承が、世にもおぞましい説話の温床となっていたからかもしれません。

十七世紀のはじめ、京都の芝居小屋を沸かせた古浄瑠璃の名作『阿弥陀《あみだ》の胸割《むねわり》』は、若君の難病を治すために生き肝を取られた娘を哀れんだ阿弥陀様が、娘の信仰心に応えて身代わりとなり、仏像の胸から血を流すという宗教色の濃い物語でした。

この種の生肝取りの話は、井原西鶴の『新可笑記《しんかしょうき》』（1688刊）や青木鷺水《ろすい》の『御伽百物語』（1706刊）などの近世小説にもみえ、また古くは十二世紀の『今昔物語集』巻四に絶世の美女が天竺の王子のために肝を取られそうになるものの、親孝行と信仰心に免じて命を助けられる説話が載っています。日本において、人間の肝の薬効をモチーフにした話の系譜は、実に息の長いものだったことが分かります。

屍肉の味

一方、日頃の欲心や不信心ゆえに死人の肉をむさぼる夢にさいなまれるという、仏教寺院を発信源とした別系統の奇談が、食人鬼の説話を拡散させていきました。たとえば説教用のテキストとして編まれた勧化本《かんげぼん》のひとつ、『善悪因果集』（1711刊）をひもとくと、巻五に「無慚《むざん》ノ法師、屍ヲ食《くら》フ事」と題する話がみえます。

関東のある禅寺で檀家の老婆が亡くなり、遺体を墓地に埋葬しました。初七日が過ぎる頃、寺の僧の夢に悪鬼があらわれ、土中の屍を無理矢理に食わせたのでした。目覚めても口の中が生臭く、食事もできずに僧は寝込んでしまいました。隣の僧坊の者が様子をみに行くと、僧の口がどす黒く血に染まっています。墓をあらためたところ、卒塔婆《そとば》や香花が踏み荒らされ、遺体も食い散らかされてみるも浅ましいありさまでした。

『善悪因果集』の編者は、末尾に信徒の供物とお布施を期待する僧の悪念が食人鬼の悪夢を引き起こしたと、仏教唱導者らしい因果応報の解釈をほどこしています。夢中の食人をきっかけにおのれの強欲を懺悔し、信仰に目ざめた者の実話として記された話です。

上田秋成の『雨月物語』（1776刊）の一篇「青頭巾」は、こうした仏教怪異談の流れを受けた作品でした。ある僧が、美しい稚児《ちご》を大変可愛がっていました。この稚児が病死してしまうと、僧は遺体に執着し、ついには喰い尽くしてしまいます。やがて僧は人の肉を食わないといられない悪鬼になるのです。物語は旅の僧・快庵禅師によって食人鬼が救済される大団円をもって終わっています。これらの「人を食う話」のおおもとには、屍肉を食べずにはいられなくなった悪僧の懺悔話と、そのような因果応報の実例を語って聞かせた仏教唱導の歴史がありました。

次に紹介するのは、洛西桂川の墓所で目撃された食人鬼の話です。これもまた寺院の僧坊をルーツとした仏教怪異談です。出典は、三河国（現愛知県）の禅僧・鈴木正三（1579〜1655）による『因果物語』（1661刊）です。

小刀で死体を切りきざみ

京の都から丹波国（現在の京都府中部と兵庫県東部）に行く道の途中に、沓掛《くつかけ》というところがあります。その近くに住む太郎兵衛が、ある日、四条の友人・煙草屋喜右衛門を訪ねるため、沓掛を出て洛中に向かいました。山陰道を東に進み、桂川を渡ったところに墓所があり、身寄りのない死者が打ち捨てられています。傍を通って何気なく見渡すと、驚いたことに喜右衛門が一心不乱に小刀で遺体を切りきざみ口に運んでいるではありませんか。

「あやつは不治の病を患っておると聞いた。もしや人の肉で癒すつもりか」などと呟きながら、とにかく四条の煙草屋に行ってみると、どうしたわけか、喜右衛門が居間に体を横たえています。しかも「厭《いや》な夢をみた」といって、今しがた桂川で目にしたのとまったく同じ酸鼻な体験を告白したのです。「死肉を食ったせいか、口が血で生臭くてたまらぬ」。そういって身震いする友人に、太郎兵衛は、河原の凄惨な光景を包み隠さず語って聞かせたのでした。

「ああ、何という浅ましさ！」。喜右衛門はおのれの業の深さに怖れおののき、すぐに髪を切り出家の身となりました。そののち病の治った喜右衛門の姿をまのあたりにして太郎兵衛もまた信仰に目覚め、念仏修行に励んだといいます。

平仮名本『因果物語』
「魂とび行て尸（しかばね）をくらひける事」挿絵
死者を食らっているのは、まさか友人

洛西桂川の魔所

正三の『因果物語』は刊行（1661）とほぼ同じ時期に、浅井《あさい》了意《りょうい》編とみられる平仮名絵入本（刊年不明）にリメイクされ、巷間に流布していきました。正三版が僧坊につどう禅僧からの聞書きをあつめたリアルな因縁話の集成であるのに比べて、平仮名絵入本は、かなりフィクション化された娯楽読みものに作り変えられています。桂川の食人鬼の場合も、平仮名絵入本では目撃された場所を鴨川のほとりに移していて、正三版と異なる地理感覚がみてとれます。

一方、正三版が沓掛から桂川に向かう道中を食人鬼に出くわす魔所に設定したのは、都の外縁に位置する洛西地域の霊異な土地柄によるものかもしれません。

京都市から延びる国道九号線を西に進み、沓掛を過ぎて京都霊園脇の曲がりくねった山道に出ると、しばらくして老ノ坂トンネルがみえてきます。そこは酒呑童子《しゅてんどうじ》（大江山に住んでいたという伝説上の鬼の頭目）の首を埋めたとされる首塚大明神の参道の入り口にあたります。丹波（現亀岡市）との境に位置するこの場所は、大江山の鬼伝説の終着点にほかなりません。老ノ坂は、常に都の「ウチ」と「ソト」を意識する京都の妖怪文化に深くかかわる重要拠点といってよいでしょう。

正三の耳に達した桂川の食人鬼目撃談——。そのような怪異の噂の背景には、洛西の魔所に対する京の人々のまなざしと、風土の感性が深くかかわっていたのかもしれません。

京の片袖幽霊

血けむりの三本卒塔婆《そとば》

応仁の乱（1467〜77）で京都が戦いの渦の中にあった頃の話です。ある夏の日、東洞院と高倉通の間に住む足軽侍が、中間一人をともなって清水寺に詣でることになりました。ところが鳥辺野の入り口の三本卒塔婆のあたりで、常日頃この侍に遺恨を抱いていた畠山方の一団に襲われ、主従二人ともに壮絶な討ち死にをして相果てたのでした。

家人は泣く泣く死骸を引き取り、血汐に染まった十徳羽織を片見の品に残して、ねんごろに葬儀を執り行ったのでした。

十四、五日が過ぎた頃、長野・善光寺参りの旅に出ていた隣家の男が帰って来ました。「お隣の御亭主がお気の毒なことになって……」。女房から足軽侍の哀れな最期を聞き、男は首をかしげます。「そんなはずはない。善光寺からの帰路に越中の山里であの方に行き会い、言葉を交わしたのだから」。そのときの詳しい話が次第に明かされていきます。

互いの息災をことほぎながら、別れ際に足軽侍が妙な頼みごとを口にしたというのです。「私に出会ったことを家の者に告げ知らせてもらえまいか」。そういうと、着ていた十徳の片方の袖を切り取って手渡し、足早に立ち去ったのでした。その格好が「旅の体にもあら

『奇異雑談集』
「五条の足軽、京にて死するに越中にて人これにあふ事」挿絵
侍が三本卒塔婆のあたりで斬り合う場面

ず、いつも京中を歩かるる体」の十徳姿だったのが今思えば何とも訝しい、と隣家の亭主は眉を寄せました。

聞けば、その日はちょうど十五日前。知らせを耳にした亡き侍の奥方や法事に居合わせた僧たちは、皆一様に驚き、遺品の十徳を出して来て越中より持ち帰った片袖と合わせてみたところ、切り口がぴったりと合うではありませんか。斬り死にした者がこの世に姿をあらわしたのです。

昔から、「越中立山の奥に地獄道あり」といいます。この話もまた、横死した侍の亡魂が、遠く離れた山里に化現して、証拠の片袖をことづけたに違いありません。

清水寺界隈が風葬地だった頃

以上は貞享四年(1687)刊行の絵入本『奇異雑談集』の冒頭に載る奇談です。近世初頭に書かれた写本の『奇異雑談集』にも載る古い幽霊話で、「五条の足軽、京にて死するに越中にて人これにあふ事」の章題に話の全容があらわされています。

「越中立山のあたりを旅する者が、地獄に堕ちた知人から片方の袖を托される」といった説話は、平安時代後期の『今昔物語集』の昔より語り伝えられており、「片袖幽霊」の話型で知られていました。近世には、地獄の入り口を箱根の山中に移し、心中死した若い娘の幽霊に仕立てた怪異

『八坂法観寺塔曼荼羅』（法観寺蔵・部分）
鳥辺野の三本卒塔婆が描かれた部分。
中央上部に「三年坂」とある

小説も書かれています（1683刊『新御伽婢子』111頁参照）。こちらの方は大阪市平野区にある大念仏寺《だいねんぶつじ》の宝物由来をルーツとしたもので、今も同寺には「証拠の片袖」と縁起絵巻が伝存し、夏のお盆の折に一般公開されています。

ところで、『奇異雑談集』の記す片袖幽霊の物語が、清水寺の三本卒塔婆付近を怪談話の発端にしたのは、この場所が浮かばれない死者との遭遇を語るのにふさわしい、京都ならではの場所であったためではないでしょうか。

古来より清水寺の周辺には、巨大風葬地の鳥辺野が広がり、死者を弔う塔碑や塚が散在していました。室町後期の『八坂法観寺塔曼荼羅』には、現在では想像のつかない鳥辺野の風景が描かれています（上図）。六道の辻を過ぎて清水寺の山門に至る道沿いには、三途の川を意味する三世川（三瀬川）が流れ、死者供養の石塔があちこちに点在しています。そして三年坂の右下方に描かれたひときわ目立つ三本の板塔婆こそが、風葬地のシンボルである「三本卒塔婆」だったのです。そこはまさしくあの世とこの世の行き交う場所にほかなりません。今日では京都を代表する観光地になっている三年坂のまわりに、冥界の風景が広がっていたわけです。

「怖い京都」の名残りは、三年坂を登りきったところにある経書堂のいわれにもうかがえます。土産物屋やクレープの店で賑わう一画に建つこの小堂は、死者供養の古い風習と関連があり、かつて清水に参詣する人々は、経文の一字をひとつの石に写し取り、水をそそいで亡き者の霊魂にささげたといいます。経を書いて魂を鎮めたことから「経書堂」の名がおこったのです。

清水寺一帯の地理・風土・信仰などをふまえて考えてみると、三本卒塔婆の前で斬られ死にした侍の亡魂をめぐる『奇異雑談集』の話が、近世初頭の京の人々の生活に根付いた冥府観と合致することが理解できるでしょう。鳥辺野で横死した者が立山地獄に化現する。実によくできた怪談です。

いちばん怖い場所

松原通（旧五条道）を東に進んで鴨川を渡ると六道の辻に出ます。そこから東大路を横切って清水坂へと連なる道筋は、京都怪談の名所が集まる場所でもありました。六道珍皇寺の小野篁冥途通いの井戸（87頁参照）、子育て幽霊の飴（184頁参照）などはその典型といえるでしょう。

一方、怪談文芸の世界においても、六道の辻から鳥辺野に至る一帯はあの世の物語を語るのに適した土地でした。浅井了意『伽婢子《おとぎぼうこ》』の「牡丹灯籠」で、荻原《おぎわら》新之丞が美しい女亡者と手を取り合ってさまよう姿が幻視されたのは、やはり鳥辺野の山中でした（82頁参照）。いつの時代も、怪談の舞台は「いちばん怖い」と思われる場所を選ぶものです。

土の下の母と子

みなとや幽霊子育飴本舗

幽霊子育飴の包み紙

子育て幽霊の飴

水木しげる『墓場の鬼太郎』の冒頭に描かれた鬼太郎の誕生は、まことに衝撃的な物語のはじまりでした。妖怪族の末裔である臨月の母が亡くなり、墓の中で男児を産みます。その子供こそがのちの鬼太郎だった、というのです。

もっとも、このようなストーリーは水木しげるのオリジナルというよりは、日本全国に古くから伝わる「子育て幽霊」の昔話や墓から生まれた高僧の話に材を得た創作とみた方が正確でしょう。民俗学者・柳田国男の「赤子塚の話」によれば、同様の話が東北から奄美大島に至る広い地域に分布しており、飴で子を育てたので「飴買い幽霊」などの別名をもつ場合も少なくないといいます。さらに幽霊の遺児が成長して高名な僧になるケースが目につくことから、話の語り手と宗教者のかかわりを推察する見方もあります。

京都では、東山の六道の辻にみなとや幽霊子育飴本舗が今も営業しています。水飴を固めた琥珀《こはく》色の素朴な風味が特色です。この飴の包装紙に添えられた由緒書きをみると、墓で生まれた子のために夜な夜なこの店に飴を買いに来たという亡き母は「江村氏」の出身で、子供はのちに高僧となり、寛文六年（1666）の三月十五日に六十八歳で亡くなったとあります。この履歴に合致する人物は、165頁でも紹介した上京区・立本寺の第二十世・日審（俗名江村文嘉）に間違いないでしょう。日審は説法の名手とされた日蓮宗僧侶で、没後は安産の守護神として信仰されました。「立本寺の高僧は墓中で生まれた」という霊験の話が、幽霊子育飴の商品伝説に姿を変えて今日に至ったのでした。

なお、京都市内では立本寺のほかに、伏見区鷹匠町の大黒寺《だいこくじ》に子育て幽霊の伝説が伝わり、母の「矢代美津女《やしろみつめ》」の墓と位牌が残っています。また郊外に足をのばせば、福知山の国道九号線に近い曹洞宗永明寺の襖絵に、墓原に佇む母幽霊と生まれた童子の図像をみることができます。「乳授け寺」の通称で知られるこの寺も、子育て幽霊の伝承地でした。

最古の子育て幽霊

ところで、子育て幽霊の話が民間に知られるようになったのは、いつの頃からでしょうか。はじめて書物に記録されたという点では、室町末（近世初頭）の写本『漢和希夷《かんなきい》』（東寺宝菩提院《ほうぼだいいん》蔵）にみえる国阿上人の説話が最古の文献例と考えられます。この因縁話は、ほぼ同時代に編まれた仏教怪異談集の写本『奇異雑談集』、ならびにその普及版である同書名の絵入刊本（1687刊）にも載っています。一般の目に触れやすい大衆的な読み物である絵入刊本に取り上げられたことによって、子育て幽霊の話は、怪異小説のテーマのひとつとして流布しました。ひとまず絵入刊本『奇異雑談集』の巻四の五「国阿上人発心由来の事」により、話の内容を紹介してみましょう。

東山の霊山《りょうぜん》に正法寺《しょうぼうじ》という時宗寺院があります。ここを開創した国阿上人（1314〜1405）は晩年になって出家した人で、もとは室町将軍家に仕える武士でした。俗名を橋崎国明《はしざきくにあきら》といい、播磨国（現兵庫県）の領主でしたが、ある不思議な体験をきっかけに、侍の身分を捨てて僧となったのでした。

時は足利義満の治世。伊勢の丹生《にう》（現三重県松阪市）に起きた反乱を鎮圧すべく、橋崎は将軍家に召喚されて京に上りました。義満より逆賊討伐の命を受け、妊娠中の妻を蓮台野の宿舎に残したまま、国明は出陣しました。ところが、時を移さず奥方は急な病に倒れ、身重の体で帰らぬ人となったのでした。主のいない留守宅のことゆえ、盛大な葬儀を行うこともできず、やむなく蓮台野の墓地に仮埋葬の運びとなりました。

一方、伊勢の戦場にあって、国明は妻の死を心の底から悼みました。しかし、合戦のさなかに僧の回向もままならず、せめてもの供養にと、毎日乞食に三文銭を与える善行を施し、あの世の妻の冥福を祈ったのでした。この時代、そうした行為は葬式と同じ功徳《くどく》を死者にもたらすと信じられていたからです。

数か月ののち、反乱軍を討ち滅ぼした国明は京に帰り、将軍家への報告を終えるとすぐに蓮台野に赴き、亡き妻の墓に香花を供えたのでした。するとそのとき、土の下からかすかに赤ん坊の泣き声が聞こえたのです。

しばし呆然とするところへ顔見知りの茶店の主人がやって来て、挨拶もそこそこにこの数日の間に起きた奇妙な出来事を明かしました。墓地の前に店を構える主人のもとに、毎晩、暗い表情の女が三文銭を持って餅を買いにくるというのです。「跡をつけたのですが、蓮台野の入り口で姿がみえなくなるのです」。主人の話に、国明はすべてを悟りました。

「わしが陣中にて毎日施したのは三文銭じゃ。その女こそは我が妻の亡魂に相違あるま

『奇異雑談集』
「国阿上人発心由来の事」挿絵

い。ただちに墓をあらためよ！」」。家臣たちは墓の土を取り除き、奥方の棺を掘り起こしました。蓋を取ると、すっかり朽ち果てた亡骸《むくろ》のかたわらで、生まれたばかりの赤ん坊が泣きじゃくっています。母幽霊の買い与えた餅を食べて今日まで命をながらえていたのです。その場に居合わせた者は、子育て幽霊の深い愛情に涙を流したのでした。国明はこの世の無常を悟り、弓矢を捨てて仏門に帰依したのでした。

遺児を茶店の養子に出し、将軍家に暇乞《いとま》いをすると、すぐに関東に下り、時宗の総本山・藤沢の遊行寺《ゆぎょうじ》（神奈川県）の門を叩きました。やがて国明は名を国阿と改め、仏道修行に励んだのち、再び京に戻り東山に正法寺を建立したのです。

霊山の正法寺はもと天台宗の寺院でしたが、南北朝期の荒廃を経て1383年に国阿によって再興され、時宗霊山派の本山となりました。江戸時代には、伊勢神宮・熊野三山の参詣者に道中の無事を約束する「柏《かしわ》のお札」（柏の葉に文言が刷られたお札）を配布したことで知られています。その昔、伊勢参宮を志して旅に出た国阿が、道のべに打ち捨てられた女の屍を忌むことなくねんごろに弔った故事によるものです。

かつて「死」がケガレの対象として忌まれていた時代に、時宗の僧たちは遺骸を嫌わず供養していました。国阿の伝説はそのような時宗の宗風と関係しています。そう考えてみると、屍から生まれた子供の話が、時宗霊山派の本山・正法寺にからめて語られたのも、分かりやすい仏教史のひとこまかもしれません。民衆の「死」に寄り添った時宗の歴史の中から最古の「子育て幽霊」が生まれたのです。

コラム6

怖い絵

円山応挙《まるやまおうきょ》（1733〜95）は、幽霊画の様式を完成させたといわれています。京都では、主に春秋の特別公開期間にあわせて、建仁寺の大統院《だいとういん》で応挙筆の足のない幽霊図が不定期に公開されます。

死者供養の場である寺院に幽霊画が集まるのは、宗教的意味合いからすれば、しごく当然のことかもしれません。盆の「六道まいり」の風習や小野篁の地獄往還の話を伝える六道珍皇寺（84頁参照）に、幕末の名古屋絵師・森高雅《もりこうが》（1791〜1864）の幽霊画が献納されたのは、その一例です。お盆の折に、この絵が閻魔大王像の脇に掛けられ供養されたこともありました。

幽霊子育て飴伝説で有名な立本寺《りゅうほんじ》にも幽霊画があり、十一月八日の虫干会《むしぼしえ》の折に公開されています（166頁参照）。その絵の構図は大統院のものとよく似ています。

六道珍皇寺の幽霊画（森高雅筆・部分）

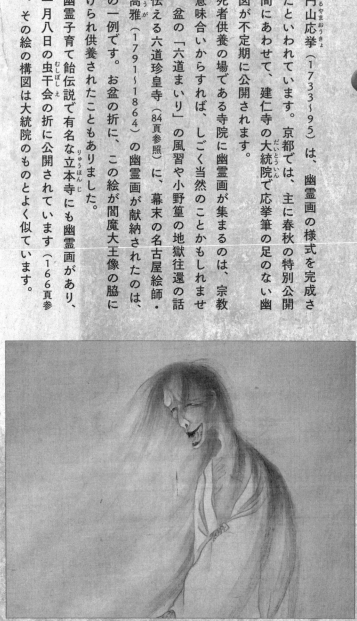

特別対談

東雅夫×堤邦彦

京都と日本各地の「怪談文芸」

怪奇幻想文学を中心とするアンソロジーの編纂や文芸評論など、東京・金沢を拠点に精力的に活動されている東雅夫氏をゲストに招き、京都の怪談の独自性・日本各地の怪談の性格について語り合いました。

京都怪談のコンパクトさ

堤邦彦❖　今日はよろしくお願いします。東さんは、京都でも怪談朗読イベントを開催したり、京都の魔界スポットに関する書籍を編集されたりしていますよね。

東雅夫❖　よろしくお願いします。京都の怪談についてまとまったものを書いたのは、ちょうど二十年前、『ワールド・ミステリー・ツアー13　京都篇』（同朋舎）に寄稿したときがはじめてで。その後『日本怪奇幻想紀行』（同朋舎）や『幽』（左頁プロフィール参照）の連載「怪談巡礼団」などで京都に取材に来ました。私はもともと関東の人間で京都とかかわりがあまりなかったので、最初の頃は観光地など有名なところをまわっていたのですが、仕事で怪談に携わるようになってから、薄暗い、妖しい京都に触れるようになりました。歴史的・文学的に古いものが現在まで残されているというのは京都の特徴ですよね。

堤❖　また、「ちょうどいい広さである」ということも特徴かなと。関東のほうだと、例えば東京の怪談スポットを歩こうと思っても一日では無理ですから。京都は、そんなに歩き回らなくても、いくつも怪談スポットを巡ることができる。だから、京都の怪談ははるか彼方から怪異がやって来るのではなくて、たとえば、京都版牡丹灯籠の話みたいに（78頁参照）みえる範囲からやってくるものも多いです。

京都の場合、つきあたりまで行ったら、限られた場所に出てきますからね。北だと深泥池、東だと鳥辺山・六道の辻とか。そういう意味では、怪談と街のつながりを非常にコンパクトに説明しやすい場所ではありますね。

水と京都

東❖ 昔、「ある町家の押入れを開けると、奇妙な井戸があった」という話を聞いて取材に来たことがありまして。みたことがあるという人の案内で取材を申し込んだんですけど、叶いませんでした。森見登美彦▼注は192頁下段〜さんの、『きつねのはなし』（新潮社）という小説の中に、こんな印象的な一節があります。

「こうやって日が暮れて街の灯がきらきらしてくると、僕はよく想像する。この街には大勢の人が住んでいて、そのほとんどすべての人は赤の他人だけれども、彼らの間に、僕には想像もつかないような神秘的な糸がたくさん張り巡らされているに違いない。何かの拍子に僕がその糸に触れると、不思議な音を立てる。もしその糸を辿っていくことができるなら、この街の中枢にある、とても暗くて神秘的な場所へ通じているような気がするんだ」（「果実の中の龍」より）

これを読んだときに、まさに我々が『幽』の京都取材で体験したことだな、と感じました。「外から来たものには触れられないけれど、何か神秘的なものがある」というような感覚。

堤❖ 距離的には近いけど、精神的に遠い場所ですよね。で

東雅夫《ひがしまさお》 アンソロジスト、文芸評論家。1958年、神奈川県横須賀市生まれ。早稲田大学文学部卒業。幻想文学研究批評誌『幻想文学』、怪談文芸専門誌『幽』の編集長を歴任。著書に『遠野物語と怪談の時代』（角川選書）、『クトゥルー神話大事典』（新紀元社）など、編纂書に『おばけずき 鏡花怪異小品集』（平凡社）、『京都魔界ガイド』（宝島社）ほかがある。ラジオ番組の監修・出演、各地での朗読・講演イベントなど幅広く活躍中。

も、「押入れの中に井戸」はあっても不思議ではないですよ。京都盆地の地下には、琵琶湖と同じ水の巨大な湖がありますからね。六道珍皇寺でも新しい井戸が発見されましたが、現在も水が湧き続けているそうです（88頁参照）。京都は目にはみえないけれど、水のにおいがするというか。今は暗渠《あんきょ》化されてみえなくなってしまった川もあり、かつては相当な数の川があったと考えられます。そうした場所に和泉式部の化粧水の伝承が残っていたりするので、時空的にも「触れられそうな糸」が張り巡らされているといえますね。

近世〜現代の怪談へ目を向けること

堤❖　今回の書籍のメインテーマは、江戸以降から現代までに京都の怪談がどのように語られていたかという部分なんです。

東❖　それはとても興味深い着眼点ですね。やはり京都の怪異・魔界スポットの紹介本って、平安時代の話が中心になりますからね。近世は意外と手をつけている人が少ないんじゃないですか。

堤❖　そうした古典的な伝説・物語が江戸時代になると小説・芝居・絵画などにアレンジされて表出するんですよね。現代の怪談という点では、六道珍皇寺に取材に行った際、「お岩大明神」という祠をみつけて。「四谷怪談」の舞台は江戸なので、「なぜ京都にこんなものがあるのだろう」と不思議に思ったのですが、この祠の中に等身大のお岩さんの像が納められているといいます。この周辺は清水焼の陶器まつりなどで有名で、理由は不明なんですが、どうもこの周辺の清水焼の陶工が、依頼を受けて等身大のお岩の陶器製の像

▼森見登美彦　1979年〜、小説家。奈良市出身、京都大学卒業。京都を舞台とした作品を中心に人気を博す。『きつねのはなし』は、京都の不思議で神秘的な側面を描いた短編小説集。

▼和泉式部の化粧水の伝承　京都市下京区の四条西洞院東南の角に「化粧水」と書かれた碑がある。もとは「化生水」と書いた。和泉式部の霊が出たという伝承がある。

▼四谷怪談　元禄時代（1688〜1704）に起きたとされる事件をもとに創作された怪談。江戸の四ッ谷（現新宿区左門町）が舞台。お岩という女が夫に惨殺され、幽霊となって復讐を果たす物語。歌舞伎や落語で有名。

を作ったらしいのです。それが原因で次々と悪いことが起こったため六道珍皇寺に納められたと。はじめ閻魔堂の閻魔大王像の隣に置いていたらしいのですが、「お岩さんの像があまりに怖すぎる」ということでこの祠の中にしまって、顔の部分だけ開くようにしたと。鶴屋南北が創作した話で有名になった「お岩さん」が、京都で清水焼という造形物になり、それが災いをもたらして、やがて六道の辻にたどり着くという。六道珍皇寺の磁場が、文芸を伝承化してしまうというのが面白いと思いました。

東※　面白いですね。お岩大明神はあまり言及されていないんじゃないですか。

堤❖　六道珍皇寺であれば、もっぱら小野篁の伝説が研究やメディアで取り上げられますが、お岩大明神については、あまり古くないものなので注目されていないようですね。しかし逆に、こうした現代のものから「なぜこうしたものが六道珍皇寺に集まるのか」と考えると、毎年

著者の持参した幽霊画を熱心に眺める東氏

男の幽霊と子供、生首が描かれた幽霊画。この三つを取り合わせる画題は珍しい。近代の作か（紙本彩色・個人蔵）

京都の人たちが「六道まいり」（84頁参照）で死者を迎えに行っている場所だから、死者が集まるという認識があったということがみえてくる。そうすると、周辺に幽霊子育て飴のお店があったり、京都版牡丹灯籠の舞台がこの周辺に設定されたりということも自然と受け入れられます。近世～現代のものに目を向けることも大切ではないかなと思いますね。

今は賑やかな清水寺も

東❖　鳥辺山を取材する機会があって、鳥辺山の人気のない方から清水寺前の観光客で賑わう通りへ抜けたのですが、静かな墓地と賑わいの落差に本当にびっくりしました。これは怪談というより笑い話なんですけど、取材班が清水寺の坂を登っていたとき、正面から降りてくる男の人がいて、普通にすれ違おうとしたときに、同行していた▼加門七海さんに「東さん、気をつけて！」と呼び止められたんです。何だろうと思って聞いたら、加門さんには男の人の隣に、カップルのように寄り添う女性がみえていたそうなんです。その女性が、すれ違うときにちょうど私とぶつかるくらいの距離にいたので、声を掛けたと。でも皆そんな女性はみていなくて。その後近くの飲食店に入ったら、まぁよくある話なんですけど、取材班の人数より一人分多いお水が出てきたんです。「女の霊が、東さんについてきたんじゃないか」という話になって。私はその後清水寺の雑踏の中で、ほかの通行人に女性を引き取ってもらおうと、不審な歩き方をしてました（笑）。私自身は普段何かを感じたりということは無いんですけど。

堤❖　室町時代の清水寺参詣曼荼羅をみると、三年坂の下に「三本卒塔婆」というモニュメントのようなものが描かれています。これは「ここから先は鳥辺山ですよ」という意味のものなんですよね。『奇異雑談集』に「三本卒塔婆の幽霊」という話があります。応仁の乱の頃、京都清水寺の三本卒塔婆の下で斬り殺された男になぜか越中の立山で出会って、片方の袖を差し出されるという話です（180頁参照）。

東◈　有名な「▼幽霊の片袖」パターンですね。

堤❖　怪談の舞台が清水寺の三年坂下なんですよね。鳥辺山への境界だったので、そんな話もありえるということだったんでしょう。今は新しいお店で賑わっていますけど。

▼加門七海　1992年にデビューした小説家。日本古来の呪術・風水・民俗学などに造詣が深く、小説やエッセイ、オカルト・ルポルタージュで注目を集める。

▼幽霊の片袖　幽霊が生前の身分を証明するために、出会った者に自分の着物の片袖を持たせるという話。各地の寺伝や落語、講談などに残る。呉服商には「片袖をつけたところで仕立てを中断すると、袖を探して幽霊が出る」という言い伝えも。

風土と怪談の関連性

東❖ 江戸時代の怪談という視点でみたとき、「京都」というのは特別な場所なんですか?

堤❖ まず、京都では気候や地形の境界地に怪談が集中しています。あとは、京都怪談は鬼の話が多いんですけど、「大江山の鬼」みたいな話ではなくて、鬼なのか、正気を失った人なのか分からないような話が多い。堀川沿いに人喰い婆が出た（148頁参照）とか、鴨川にのっぺらぼうが出た（142頁参照）とか。具体的には分からないけど、何だか分からないものが出た、という。そうした怪談が多いのは、江戸時代の京都怪談の特徴だと思います。一方で、誓願寺の門前で鬼になぶられるお婆さんがいた（138頁参照）というような、地獄絵の世界に近い、宗教色の強い物語もあったりする。それから、芝居の影響が強く出ているのも特徴ですね。今回妙満寺で道成寺の鐘伝説（10頁参照）を取材しましたが、あの伝説も芝居が繰り返し上演される中で増幅していっています。

東❖ 四谷怪談のお岩大明神の話をされていましたけど、怪談はフィクションと実話がからまりあって増幅していくケースがありますよね。芥川龍之介が今昔物語集について語っている中で、牛車が往来する朱雀大路は確かに華やかだったろうが、小路に入ると道端には死体や野良犬がいて、夜になれば狐など超自然的なものが歩き回っていると指摘していますね。人混みや雑踏の中に魑魅魍魎《ちみもうりょう》が混ざりこんでいるかもしれない、という感覚は、そもそも田舎ではありえませんし、外部から出入りする人間と地元の人間が混沌と混ざり合っているという京都ならではだと思います。

▼**「大江山の鬼」** 大江山に残る鬼退治伝説。崇神天皇の弟や、聖徳太子の弟が鬼を退治したという話も残るが、最も有名なのは源頼光らが酒《しゅ》呑童子《てんどうじ》を退治した話で、能の演目「大江山」にもなっている。

▼**芥川龍之介が今昔物語集について語っている中** 1927年、新潮社発行の『日本文學講座』第六巻に『今昔物語鑑賞』というタイトルで収録されたもの。

江戸後期の九相図屏風。九相観による美女の屍の変貌を描く九面の絵に、狐と髑髏の図様一面を加えたもの。なお、この屏風は「百物語の館」の怪談公演の際、常に語り手の後背に立てて使用される（著者蔵）

金沢の怪談 ―山と天狗―

堤❖ 東さんは、金沢と縁が深いですよね。金沢出身の泉鏡花▼の作品も数多く編纂されていますし、金沢でよくイベントをされています。

東❖ 金沢の怪談には天狗がよく出てきますね。金沢の銘菓に「圓八《えんぱち》のあんころ餅」があるんですが、このあんころ餅には、神隠しに遭って天狗になった男が製法を伝えたという伝説があり、今でもこの和菓子屋さんの敷地に天狗が降りてきたという木が祀《まつ》られているんですよね。

堤❖ 金沢には地形的に天狗が降りてきそうな場所が多いんでしょうか。

東❖ 金沢の中心部は犀《さい》川と浅野川という二つの川に挟まれていてあまり起伏はないんですが、北には日本海、東南には白山という、霊峰と荒波に挟まれた土地ではありますね。泉鏡花の「茸《きのこ》の舞姫」という作品では、子供たちが凧揚げをしていると、風に凧がさらわれてしまう。どこまでも凧を追いかけて行方不明になってしまった男が、やがて帰ってきて、どこに行っていたんだと聞いても答えないけれども、人々はきっと川をわたって山々に分け入ったに違いないと噂する。泉鏡花にとっては山の中イコール他界、魔所というイメージだったのでしょう。そうした山が登場する怪談は、金沢の人にとっては決して遠いものでなく、同時に天狗にさらわれるというのもごく日常的な感覚としてあったのかなと思いますね。山岳地と居住地の距離が近くて、それを天狗が媒介しているという。

堤❖ 金沢の怪談には、山の深さが感じられます。京都で「吉田山の怪異」なんていいますが、あそこは山というより丘のような地形ですよね。山の深さも違い

▼泉鏡花 1873～1939年、小説家。金沢出身。「夜行巡査」「外科室」で評価を得、「高野聖」で人気作家となる。江戸文芸の影響を深くうけ、神秘的なロマン主義精神に貫かれた独自の作品が多い。近代における幻想文学の先駆者としても評価される。

ますし。そうした地理的環境の差が、「魔所」に対する感覚の違いにも影響してくるのではないでしょうか。

東京の怪談 ―淀んだ水―

堤❖ たとえば東京の隅田川〜深川あたりって全く山がありませんけど、ああいう感覚の中での怪談はまた違いますよね。

東❖ そうですね。実は、泉鏡花が東京に出ていちばん思い入れていたのが深川なんですよね。岡場所だったからというのもあるんでしょうけど、相当深く魅了されていたようです。『東京日日新聞』の連載で、文豪たちが様々な場所に出かけていくという企画があり、泉鏡花は深川を選んで「深川浅景」という紀行文を書いています。すっぽんが川から出てくるとか、遊女と客の心中話とか、そういった水辺の怪しい話がいくつも出てきます。恐らく鏡花は、生まれ育った金沢の浅野川と同じ感覚を深川に感じていたのかなと思います。

堤❖ 深川は小名木《おなぎ》川をはじめ、縦横にたくさんの掘割り（地面を掘ってつくった水路）が張り巡らされています。掘割りの感じっていうのは、大きな川と違って、区切られていますよね。

東❖ そうですね。掘割りといえば、小説家の宮部みゆきさんが生粋の深川っ子なんですけど、以前対談したときに、「深川の水は、流れがなくて、淀んでいて底がみえない暗い水だ」とおっしゃっていました。作品の中にも、掘割りに子供

▼**岡場所** 岡場所とは、江戸時代、幕府公認の公娼地（吉原など）に対して江戸各地に散在した私娼地。深川、築地、品川、新宿、赤坂など。

▼**宮部みゆき** 1960年〜、小説家。1987年『我らが隣人の犯罪』でデビュー。ミステリー・時代小説・ファンタジー・少年少女向けなど、幅広いジャンルの作品を発表している。

が落ちて死んでしまったというような話が出てきますけど、実際にもそういうことがよくあったらしい。淀んでいる水の怖さをお話しされていました。

堤❖ 京都怪談に登場するのは淀んだ水というより、井戸とか池とか清冽な水が多いですね。深泥池は「泥」がつきますけど、実際は泥は多くなくて、水が淀んでいない。逆に関東の怪談をみていると、▼「累ヶ淵」が典型的ですが、湿地、沼地、掘割りなど淀んだ水が多い。同じ水ですが、動く水か止まっている水かという違いがあります。

こうしてみてくると、水の流れや土地の高低差など、各地の風土が怪談を規定している部分があるように思いますね。この間北関東の調査に行ったとき、水戸から千葉まで、幽霊画を求めて歩いたのですが、「丘陵地がずいぶん多いな」と思ってると、昔は全部沼だったようです。特に成田から南のあたりは沼地がものすごくあったのが、水がひいて現在は丘陵地になっている。累ヶ淵の舞台は茨城県常総市羽生の鬼怒川にほど近い低湿地ですね。累の母親の連れ子の「助」を川に投げ捨てるだの、累を川に突き落とすだの、ああいった水辺の怪談話が身近に感じられる風土なんですよね。

全国の怪談をもとめて

堤❖ 東さんは、▼「ふるさと怪談トークライブ」というイベントを全国各地で開催されていますよね。とても刺激を受けました。

東❖ あれは被災した出版社を支援するという目的ではじめたんですけど、参加者の方々が「せっかく地元の人が集まってチャリティーをするなら、地元も盛り

▼『累ヶ淵』 1690年の仮名草子『死霊解脱物語聞書』に端を発する、累（るい、かさね）という名の女性の怨霊をめぐる物語。茨城県常総市羽生町の法蔵寺裏手、鬼怒川沿岸が舞台。この物語から、歌舞伎の「累物」や落語の『真景累ヶ淵』が生まれた。

▼ふるさと怪談トークライブ 2010年、東雅夫と出版社「荒蝦夷」代表の土方正志らは、怪談文芸による東北の地域文化振興を意図して「みちのく怪談プロジェクト」を旗揚げした。ところが翌年、プロジェクトの母体である「荒蝦夷」が東日本大震災で深甚な被害を被ってしまう。これを受け、急遽支援のためのチャリティーイベント「ふるさと怪談トークライブ」が起ち上がり、北海道から沖縄まで全国各地で「ふるさと怪談」をテーマとするトークライブ（講演・ビデオ上映・対談・怪談会など）を催してきた。現在も活動中。

上がれることをしたい」となって、各地で「おばけずき」な人たちが怪談を披露して、それを集まった人と共有し、被災地支援と合わせて自分たちの住んでいる場所に対する理解を深めたり、盛り上げたりするきっかけにするという方向に進んだんです。
東日本大震災の頃の話で印象に残っているのが、津波で家が流されて避難所でお年寄りが集まって茶飲み話をしていると、津波で流されて死んだはずのおばあちゃんが参加していたという話。そのおばあちゃんが帰った後にそのことに気がついたんだけれども、みんな怖がりもせずに、「話し好きだったから参加したかったのかな」といって、終わっちゃう。日常の世間話のレベルで、死んだ人が混ざってるという。その感覚があるから、今回の東日本大震災ではいろいろ怪談が語られたんじゃないかなと思いますね。

堤❖ また機会がありましたら、「百物語の館」もご一緒させていただいて、金沢・深川・京都の怪談朗読会をしたいですね。
今日は京都をはじめ金沢、深川、東北など各地の怪談、そして文豪怪談について大変興味深い話をたくさん伺えて楽しかったです。ありがとうございました。

東❖ こちらこそ、ありがとうございました。

おわりに

徳川幕府の失政と江戸庶民文化の爛熟が鶴屋南北の幻妖な舞台を生み、明治初頭の前かがみな近代化の渦中に三遊亭圓朝の怪談噺が支持されたように、怪談文化は常に時代の共感とともにありました。もちろん、本書で取り上げた「京都の怖い話」の場合も、十七〜八世紀の洛中洛外に根付いた世俗の空気と一体化したものに違いありません。

小著は、はからずも平成最後の四月に校正を終えて、令和《れいわ》元年の発刊を迎えることとなりました。ひとつの時代の評価は、その時代が終わってはじめて下されるといいます。大学でふだん若い学生たちと交流する中で、私が感じた平成時代の怪談の大きな変化は、昭和の頃には少数派だった「正体の分からない怪異」が、明らかに増殖を繰り返したことです。平成は、原因不明の不安定感溢れる実話怪談の全盛期といってよいでしょう。

さて、令和の怪談は、この後どのような道をあゆむのでしょうか。「怪談元年」の年に当たり、小著が来し方行く末を考える一助となれば、大変ありがたいと思います。

最後に、取材にご協力いただいた諸寺社、関係者の皆様、貴重な資料の閲覧と掲載をご快諾いただいた諸機関の皆様、そしてお忙しい中対談の場にご来駕くださった東雅夫さんに心より御礼申し上げます。また、淡交社の奥谷佳奈さんには、取材から編集に至るまでお世話になりました。記して深謝申し上げます。

――一夜が明けて令和の朝を迎えても、洛中洛外に吹く風は遥か昔とそう変わらないのかもしれない。

平成三十一年四月　草木も眠れぬ新学期の洛北にて　堤邦彦

広域MAP

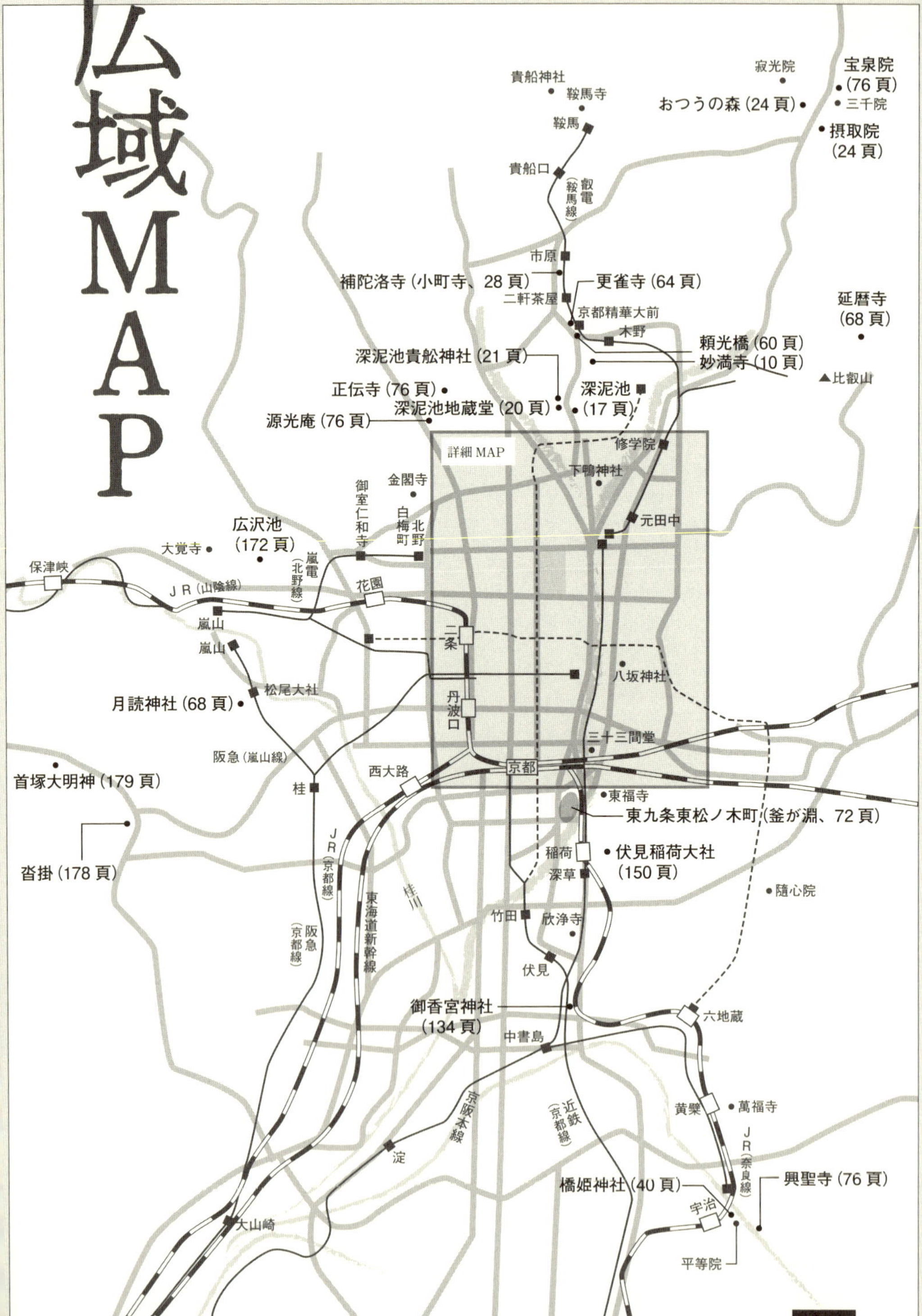
貴船神社
鞍馬寺
鞍馬
貴船口
叡電（鞍馬線）
寂光院
宝泉院（76頁）
おつうの森（24頁）
三千院
摂取院（24頁）
市原
補陀洛寺（小町寺、28頁）
更雀寺（64頁）
二軒茶屋
京都精華大前
木野
延暦寺（68頁）
深泥池貴船神社（21頁）
頼光橋（60頁）
妙満寺（10頁）
比叡山
正伝寺（76頁）
深泥池（17頁）
深泥池地蔵堂（20頁）
源光庵（76頁）
詳細MAP
修学院
下鴨神社
金閣寺
御室仁和寺
白梅町
北野
元田中
広沢池（172頁）
大覚寺
嵐電（北野線）
保津峡
JR（山陰線）
花園
嵐山
嵐山
二条
八坂神社
松尾大社
月読神社（68頁）
丹波口
三十三間堂
阪急（嵐山線）
首塚大明神（179頁）
西大路
京都
桂
東福寺
東九条東松ノ木町（釜が淵、72頁）
JR（京都線）
稲荷
伏見稲荷大社（150頁）
沓掛（178頁）
深草
桂川
随心院
東海道新幹線
竹田
欣浄寺
阪急（京都線）
伏見
御香宮神社（134頁）
六地蔵
中書島
京阪本線
黄檗
萬福寺
近鉄（京都線）
JR（奈良線）
淀
橋姫神社（40頁）
興聖寺（76頁）
宇治
大山崎
平等院

詳細MAP

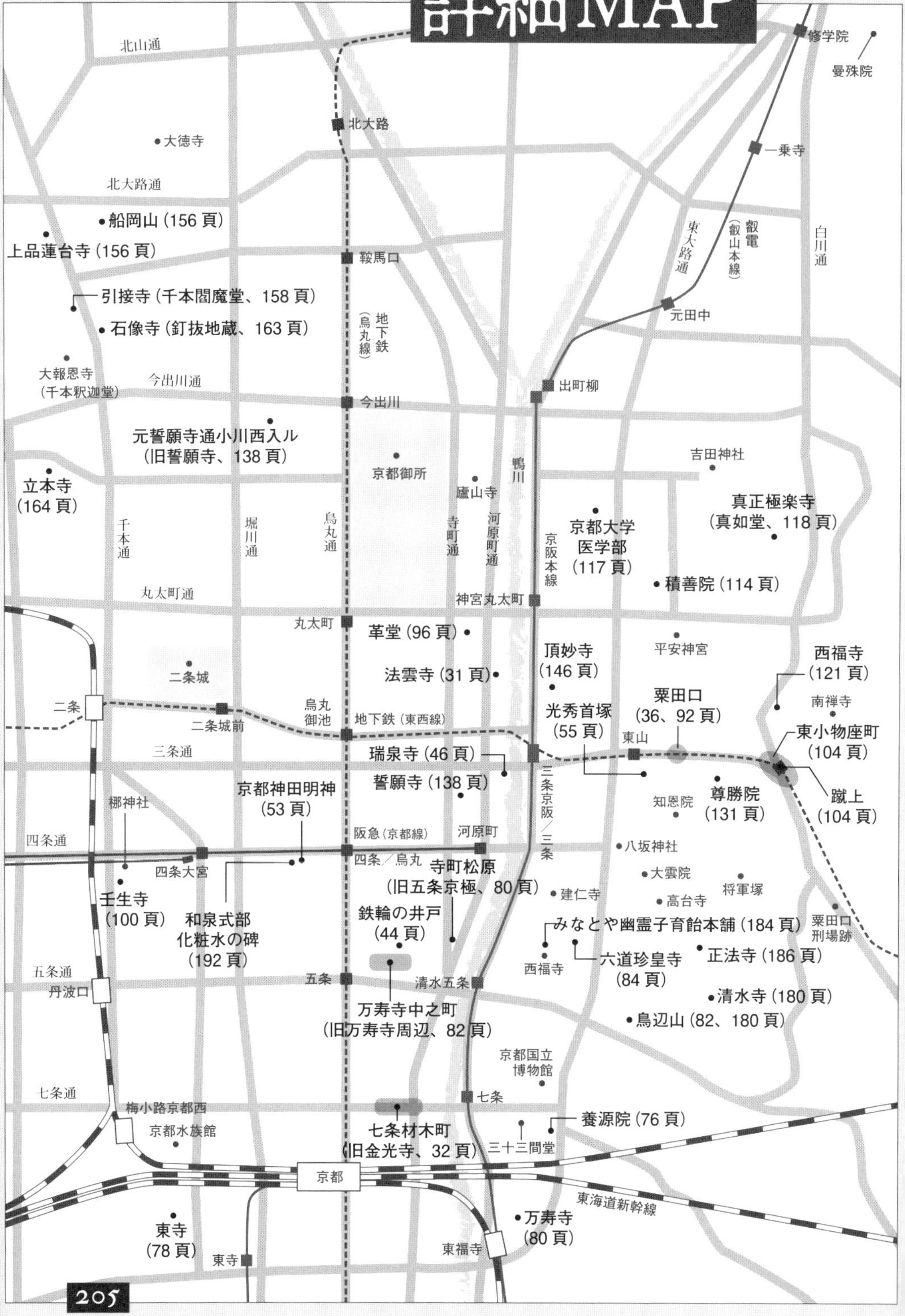

北山通
修学院
曼殊院
北大路
大徳寺
一乗寺
北大路通
船岡山（156頁）
上品蓮台寺（156頁）
叡電（叡山本線）
東大路通
白川通
鞍馬口
引接寺（千本閻魔堂、158頁）
石像寺（釘抜地蔵、163頁）
元田中
地下鉄（烏丸線）
大報恩寺（千本釈迦堂）
今出川通
出町柳
今出川
元誓願寺通小川西入ル（旧誓願寺、138頁）
吉田神社
京都御所
鴨川
立本寺（164頁）
盧山寺
真正極楽寺（真如堂、118頁）
千本通
堀川通
烏丸通
寺町通
河原町通
京阪本線
京都大学医学部（117頁）
積善院（114頁）
丸太町通
神宮丸太町
丸太町
革堂（96頁）
平安神宮
頂妙寺（146頁）
西福寺（121頁）
二条城
法雲寺（31頁）
粟田口（36、92頁）
光秀首塚（55頁）
南禅寺
二条
二条城前
烏丸御池
地下鉄（東西線）
東山
東小物座町（104頁）
三条通
瑞泉寺（46頁）
誓願寺（138頁）
三条京阪／三条
尊勝院（131頁）
蹴上（104頁）
京都神田明神（53頁）
知恩院
椥神社
阪急（京都線）
河原町
四条通
八坂神社
四条大宮
四条／烏丸
寺町松原（旧五条京極、80頁）
大雲院
壬生寺（100頁）
建仁寺
高台寺
将軍塚
和泉式部化粧水の碑（192頁）
鉄輪の井戸（44頁）
みなとや幽霊子育飴本舗（184頁）
粟田口刑場跡
六道珍皇寺（84頁）
正法寺（186頁）
西福寺
五条通
丹波口
五条
清水五条
清水寺（180頁）
万寿寺中之町（旧万寿寺周辺、82頁）
鳥辺山（82、180頁）
京都国立博物館
七条通
七条
梅小路京都西
養源院（76頁）
京都水族館
七条材木町（旧金光寺、32頁）
三十三間堂
京都
東海道新幹線
東寺（78頁）
万寿寺（80頁）
東福寺
東寺

参考文献

京都関係

・野間光辰編『新修京都叢書』全二十五巻（１９６７〜、臨川書店）
・田中緑紅著『京の怪談』（『緑紅叢書』第五輯、１９６９、京を語る会）
……『京の怪談と七不思議』（１９８９、京を語る会）、『緑紅叢書』復刻版（２０１８〜、三人社）
・竹村俊則著『昭和京都名所図会』全七巻（１９８０〜８９、駸々堂出版）
・蔵田敏明著『京都・異界をたずねて』（２０００、淡交社）
・村上健司著『京都妖怪紀行─地図でめぐる不思議・伝説地案内』（２００７、角川Ｏｎｅテーマ21）
・佐々木高弘著、小松和彦監修『京都妖界案内』（２０１２、だいわ文庫）
・小松和彦監修『京都魔界地図帖』（２０１５、別冊宝島）
・東雅夫監修『京都魔界ガイド』（２０１６、宝島社）

単行本

・高田衛著『新編　江戸の悪霊祓い師』（１９９４、ちくま学芸文庫）
……『江戸の悪霊祓い師　増補版』（２０１６、角川ソフィア文庫）
・池田彌三郎著『日本の幽霊』（２００４、中公文庫Ｂｉｂｌｉｏ）
・服部幸雄著『さかさまの幽霊』（２００５、ちくま学芸文庫）
・堤邦彦著『女人蛇体─偏愛の江戸怪談史』（２００６、角川叢書）
・東雅夫編『黒髪に恨みは深く─髪の毛ホラー傑作選』（２００６、角川ホラー文庫）
・須永朝彦編訳『江戸奇談怪談集』（２０１２、ちくま学芸文庫）
・香川雅信著『江戸の妖怪革命』（２０１３、角川ソフィア文庫）

テキスト

・朝倉治彦ほか編『仮名草子集成』(1980～、既刊六十一巻、東京堂出版)
……『奇異雑談集』、『因果物語』などを収める
・西村本小説研究会編『西村本小説全集』上・下巻(1985、勉誠出版)
・高田衛、原道生責任編集『叢書江戸文庫』全五十巻(1987～2002、国書刊行会)
・高田衛編『江戸怪談集』上・中・下巻(1989、岩波文庫)
・京都大学文学部国語学国文学研究室編『京都大学蔵大惣本稀書集成』第七・八巻(1995・96、臨川書店)
……『扶桑怪談弁述鈔』などを収める
・高田衛、稲田篤信校注・上田秋成著『雨月物語』(1997、ちくま学芸文庫)
・松田修ほか校注『伽婢子』(『新日本古典文学大系』第七十五巻、2001、岩波書店)
・堤邦彦、杉本好伸編『近世民間異聞怪談集成』(高田衛監修『江戸怪異綺想文芸大系』第五巻、2003、国書刊行会)
・堤邦彦著『現代語で読む江戸怪談傑作選』(2008、祥伝社新書)
・柴田宵曲編『奇談異聞辞典』(2008、ちくま学芸文庫)
・時海結以文、睦月ムンク絵、上田秋成原作『雨月物語―悲しくて、おそろしいお話』(2017、講談社青い鳥文庫)
・三遊亭円朝著『怪談牡丹燈籠・怪談乳房榎』(2018、角川ソフィア文庫)
・篠原進監修、岡島由佳翻刻・注・現代語訳『新選百物語―吉文字屋怪談本　翻刻・現代語訳』(2018、白澤社)

絵画

・高田衛監修ほか、鳥山石燕画『画図百鬼夜行』(1992、国書刊行会)
・安村敏信監修『幽霊画と冥界』(2018、別冊太陽)

著者略歴

堤 邦彦（つつみくにひと）

１９５３年東京都生まれ。京都精華大学人文学部教授。慶應義塾大学大学院文学研究科博士課程修了（文学博士）。世の中の役に立たない（と見做されてきた）怪談研究をライフワークとする。『江戸の高僧伝説』（三弥井書店）、『江戸の怪異譚─地下水脈の系譜』（ぺりかん社）、『女人蛇体─偏愛の江戸怪談史』（角川学芸出版）、『現代語で読む江戸怪談傑作選』（祥伝社）など。２０１５年より怪談朗読団体「百物語の館」の元締として公演活動中。

装幀　コバヤシタケシ
イラスト　山本一博
地図　ひでみ企画（２０４・２０５頁）
撮影　小檜山貴裕（１８９～２００頁）

京都怪談巡礼

二〇一九年七月八日　初版発行
二〇二三年八月二十六日　二版発行

著者　堤 邦彦
発行者　伊住公一朗
発行所　株式会社 淡交社
本社　〒六〇三-八五八八　京都市北区堀川通鞍馬口上ル
営業　〇七五-四三二-五一五六
編集　〇七五-四三二-五一六一
支社　〒一六二-〇〇六一　東京都新宿区市谷柳町三九-一
営業　〇三-五二六九-七九四一
編集　〇三-五二六九-一六九一

www.tankosha.co.jp

印刷・製本　図書印刷株式会社

©2019　堤 邦彦　Printed in Japan
ISBN978-4-473-04320-7

定価はカバーに表示してあります。

落丁・乱丁本がございましたら、小社営業局宛にお送りください。送料小社負担にてお取り替えいたします。

本書のスキャン、デジタル化等の無断複写は、著作権法上での例外を除き禁じられています。また、本書を代行業者等の第三者に依頼してスキャンやデジタル化することは、いかなる場合も著作権法違反となります。